다시
사랑하고
싶은 날

The Day I Love You

다시
사랑하고
싶은 날

2014년 1월 22일 1판 1쇄 찍음
2014년 1월 28일 1판 1쇄 펴냄

지은이   신현림
펴낸이   손택수
편집   이호석, 이승한, 임아진
디자인   김현주
관리 · 영업 김태일, 박윤혜

펴낸곳   (주)실천문학
등록   10-1221호(1995.10.26.)
주소   우121-839, 서울특별시 마포구 월드컵로10길 48 501호(서교동, 동궁빌딩)
전화   322-2161~5
팩스   322-2166
홈페이지 www.silcheon.com

ⓒ 신현림, 2014
ISBN 978-89-98949-06-8 03810

이 책 내용의 전부 또는 일부를 재사용하려면
반드시 저작권자와 실천문학사 양측의 동의를 받아야 합니다.

'책 읽는 오두막'은 실천문학사의 교양 에세이 전문 브랜드입니다.

이 도서의 국립중앙도서관 출판시도서목록(CIP)은 e-CIP홈페이지(http://www.nl.go.kr/ecip)와
국가자료공동목록시스템(http://www.nl.go.kr/ kolisnet)에서 이용하실 수 있습니다.
(CIP제어번호:CIP2014002124)

내 혼을 비춰줄 거울이 필요해

다시 사랑하고 싶은 날

신현림 에세이

책읽는 오두막

차례

프롤로그 12

Part 1

나도 쓰레기였던 적이 있어

창 17
바람 부는 날 19
나도 쓰레기였던 적이 있어 21
커피여자의 고민 24
1만 년 지나도 절실한 이야기 26
어른 아이 30
러브 공간으로 바꾸기 32

Part 2

흰 눈으로 끓인 커피

홀로 남은 흰 고양이 34

흰 눈으로 끓인 커피 39

디테일한 사랑 41

가슴은 늘 디테일한 사랑을 원해 43

포켓녀가 되어줄게. 외투가 되어줘 46

사랑도 연습이라서 48

섹스에 대한 생각 52

생각만 하는 사랑 54

이별 후 몇 달은 58

유통기한을 넘어서는 사랑 62

고마워, 미안해, 용서해줘, 사랑해 64

Part 3

외로움의 은총

재능을 찾는 여행 66
지금 시도하지 않으면 안 되는 이유 68
고독은 배우는 시간이다 72
나를 바꾸려는 열정에 사로잡히다 74
두려워 마, 조급해하지 마 78
행복과 불행은 어디서 오는가 79
행복의 조건 80
가난이란 두 가지. 파란 사과, 빨간 사과 81
비밀 83

Part 4

라디오를 듣는 시간

축축하고 조금은 우울한 날 87
팝송 키드 88
댄스 파티 91
헤매던 어느 4월 93
듀크 엘링턴, 재즈, 카뮈 94
길 위에서 인생이 바뀐 체 게바라 96
나를 왕팬으로 만든 전지현과 왕팬으로 만든 드라마 100
여전사 마돈나, 레이디 가가에 끌리다 102
빼빼로데이는 농민의 날 104
만화에 빠져버렸어 106

Part 5

관계의 레시피

묶여 있어야 자유로워 116
가장 가까웠던 사이, 가장 먼 사이가 되나 120
오랜만의 만남, 앞과 뒤 122
왜 관계가 쉽게 흐물흐물해지고 끊어질까요 126
친절한 페북씨 129
그럼에도 불구하고, 131
지금의 친구가 가장 귀한 친구 132
인생은 깊이가 중요해. 쓴맛도 보아야 생은 깊어지지 135
네가 좋아지고 있어 137

Part 6

여행과 믿음으로 모든 게 좋아졌어

딥키스를 하는 거 같아요 140
메모하는 습관 142
불량여인의 품질 좋은 소망 146
타지마할을 지게에 지고 갈게 149
절묘해, 싸우지 않고 어울리는 문화라니 151
내일로 미루면 늦다 154
뜨개질하는 독일인 157
엄마, 라는 눈부신 울림 159
아버지는 순면 타월처럼 161
쓰레기는 안녕하십니까 163
매혹적인 박물관 태교 166
섬처럼 운다 168
깊은 애정과 영성 169
걱정 마, 힘들면 기도하면 돼 172

Part 7

시와 예술과 사랑에 빠지다

순간 사로잡혀, 한없이 갈 거야 174
저녁이면 한국 풍경과 사랑에 빠지다 176
이미지 거울 속의 나 180
아我! 인생찬란 유구무언 181
자기 성장의 길 위에서 통섭의 희열감으로 184
나는 왜 시인이 되었나 185
등단 무렵 이야기 186
나 자신을 알다 188
사과밭 사진관으로 오세요 191
시와 이미지가 낸 통섭의 길 위에서 193
연인이 생기면 195
100살까지 살아볼까 196
행복 197

에필로그 200

프롤로그

사랑 길을 열며

환한 아침 바람에 가슴이 설레었다. 곧 해가 환히 떠오르고, 사람들을 만날 것이다. 그리고 책을 읽으며 가슴 충만한 하루를 꾸릴 것이다. 설렘은 늘 슬픔이 깃들지만 아주 따스하다. 그것은 꿈꿔온 사랑으로 인생이 더욱 아름다워질 거란 기대 때문이다.

사랑에 흥미를 잃었던 오랜 시간이 있었다. 사랑에 매이는 감정. 어긋나거나 흔들리고, 아플까 봐 사랑을 먼 산처럼 보며 지나친 세월이었다. 이때 나는 삶을 더 다부지게 다스려갔다. 주머니가 허전하고 집이 작아도 만족하며, 세속과 거리를 두고 내가 성장하는 길을 적극적으로 선택하였다. 내가 가진 열정과 탐구심, 호기심, 노력하려는 정성이면 다 되었다. 내 주변을 둘러싼 세상에 더 깊은 주의를 기울였다. 틈틈이 여행을 다녔다. 이런 고독한 시간은 누구에게나 필요하다. 그래야 제대로 사랑하는 훈련을 하며 인생의 가치와 목표를 더 분명히 할 수 있기 때문이다.

기억을 더듬어보면 내 살아온 인생의 반은 참 어둡고 슬프고 우울했다. 살 수도 죽을 수도 없이 심각한 것이었다. 여행과 되찾은 신앙심으로 나는 참 많이 변하였다. 외로움과 괴로움의 끝까지 가보면 생각보다 덜 힘들다. 힘들다고 겁내는 때가 참으로 힘든 것이더라.

이 책에는 책을 위해 찍은 사진과 틈틈이 다닌 세계 여행 사진, 그리고 사진작가로서 표지 작품과 다른 작품도 담아보았다. 얼마 전 뉴욕 사는 후배에게 콜롬비아 대학교 아시아 도서관에 내 책들이 있다는 소식을 듣고 기뻤다. 내 책들이 번역되어 해외로 나갈 수도 있겠구나 하는 어떤 가녀린 가능성과 희망 같은 것이 가슴에 타올랐다. 그저 꾸준히 시인으로서 사진가로서 작업을 일궈가겠다.

늘 기도하며 사랑과 정, 유머가 뭔지 보여주시는 사랑하는 아버지, 하늘나라 어머니, 형제와 지인들 그리고 수고한 실천문학사 편집부와 시인 손택수 대표에게 고마움을 전한다. 온 누리의 빛이신 주님을 바람결로 느끼며 바라는 꿈과 사랑으로 누구나 행복하면 좋겠다. 누구에게나 나를 알고 혼을 느낄 거울이 필요하다. 이 책 거울을 본 이가 스스로를 소중한 존재로 느꼈으면 기쁘겠다. 꿈과 용기를 얻고 오늘도 행복해질 당신들을 나는 꿈꾼다.

2014년, 따스한 바람 속에서
시인 · 사진작가 신현림

나도 쓰레기였던 적이 있어

Part 1

창

내 아침은 창밖을 보며 시작된다. 잠에서 덜 깬 채 섬처럼 홀로 떠 있는 기분에 젖어 일어나 창밖을 내다보면, 내 곁에 아무도 없는 게 아니구나, 안도감이 든다.

창에도 긴 역사가 있어서일까. 밖을 바라보면 쉽게 눈을 돌릴 수 없다. 텅 비었어도 그냥 비어 있는 게 아니다. 뭔가 꿈틀거리고 속삭이는 듯해서 한참을 바라본다. 창에도 참 수많은 사연이 있구나, 고개를 끄덕인다. 컵에도 책상에도 많은 사연이 있듯, 손 닿는 것엔 저마다 먼지만큼 많은 사연들이 쌓여 있다.

아주 오래전 고대 그리스 이전이나 이후의 창은 어땠을까. 그리스 아테네 풍탑의 창은 빛과 푸른 바람이 오가는 아주 작은 구멍이었다. 그 구멍으로 쓰레기를 버리고, 오물을 버렸다. 5세기에는 그곳으로 신만을 바라봐야 했다. 영혼이 드나드는 길이던 창을 통해 뭔가를 본다는 건 쾌락과 이어진 행동이라 불경하게 여겼다. 창으로 밖을 보게 된 건 르네상스 이후의 일이니, 인간의 생각이 바뀌는 데 이토록 오랜 세월이 걸린 것이다.

그러니 내 인생을 좋게 바꾸려면 시간이 얼마나 걸릴지……. 각오를 하고 천천히, 부드러운 바람이 오가듯 생각하면서 꿈꾸고 흘러가 보자.

지금 내 방 창밖에는 얼마 전에 심어둔 사과나무와 라일락과 예쁜 꽃들이 피어 있다.

나는 이 시간 속에서 꿈꾸고 흔들리고 슬퍼하고 기뻐하며 삶을 숨 쉬고 있다.

바람 부는 날

바람 부는 날은 너무 삶을 갈망하게 만든다
죽고 싶을 때조차 나무의자는 꽃을 피우고
빵집의 빵들은 개마고원처럼 부풀고
처녀치마도 부풀부풀
구두수선공의 바늘 속에 바람이 불고
강가의 연인들 몸 비비는 심장에 바람은 불타오른다
내 가슴도 해가 지면 서럽도록 울렁거린다
바람 불고 해지면 슬픔이란 슬픔 다 넣어 만든 탄약이거나
나는 장밋빛 벌레

나는 내쫓기고 있다
밥물은 끓지 않고
세상 시험마다 낙방하고 실업자를 따라 줄을 서고
옛 애인의 원기왕성한 목소리 머리카락 자른다
슬픔과 방황의 카니발, 어질어질 춤추는구나
절렁철-렁 회한의 요령소리

나는 죽음의 악단이 부르는 녹슨 색소폰
아무래도 하류의 모랫바닥,
아아 나는 위대한 잉여인간

바람이여 처치곤란한 자학증을 건설적인 주제파악증으로 돌려주시고
산발만발한 갈망 철야근무하게 해주옵시고
제 한 줄의 시가 누군가에게 동병상련 술이 되게
내 슬픔 거듭 꿈의 쌀알로 키워주소서

-『지루한 세상에 불타는 구두를 던져라』,「황혼의 지구병동」중

나도 쓰레기였던 적이 있어

몹시 바람 불고 추웠던 나의 20대 후반. 취직은 꿈꿀 수도 없었다. 친구도 애인도 없던, 그야말로 서글픈 잉여인간의 시절이었다. 나는 쓰레기였다.

드라마 〈응답하라, 1994〉에서의 쓰레기는 그나마 귀엽겠지만, 나는 그저 없어도 그만인 남아도는 인간이었다. 그 심오한 쓰레기 추억. 참 힘들었던 기억, 비구름처럼 무겁고 슬프다. 입시 실패도 많이 했고, 지독한 불면증까지 걸려 언제 죽을지 모른다는 두려움에 시달리기도 했다. 하지만 그랬던 만큼 쓰레기에서 꽃을 피우는 나만의 노하우와 지혜를 익혀갔다. 쓰레기 시절이 있었기에 지금의 내가 있다. 실업자였던 나는 집에서 온갖 잔소리를 들으며 살림을 도왔다. 그러면서 스스로 밥벌레란 슬픔을 이기기 위해 틈틈이 퐁퐁한 책들을 한 권씩 독파해나갔다. 그때 뼈아프게 깨달은 지혜가 있다. 인생의 많은 어려움은 자기 내면으로 향할 때 견디는 힘이 세진다는 것. 경제적 어려움도 자기 내면으로 향해야 강인하게 이겨나갈 수 있다.

너무 바쁠 때면, 책이든 음악이든 닥치는 대로 먹어치웠던 그 잉여인간의 백수 시절로 돌아가고 싶다. 그리고 다시 돌아와 내게 새 삶을 주고 새로운 세계를 힘차게 시작하고 싶다.

누구라도 쓰레기 시절을 겪고 있다면 쓰레기가 에너지가 되도록 애써주길 바란다. 부드럽고 향긋하고 따스한 세상을 열 수 있는 건 나 자신뿐이니까.

풍경과 노래, 마시다 남은 커피까지…….
나의 내면에서 끊임없이 어떤 메마르지 않는 물기가 샘솟았다.
이런 역동적인 풍경만큼 확실한 존재감이 어디 있을까.
매우 영감에 찬 시간이었다. 그러면서 사랑의 물기가 그리웠다.

커피여자의 고민

하얀 눈이 휘몰아쳤다. 한참 눈보라가 불더니 다시 해가 떴다. 기묘하도록 흥미로운 날씨였다. 어딜 봐도 신비롭고 아름다워 환해지는 나의 시선. 일에 지쳐 몸에 힘은 없어도 머리는 맑게 깨어나 어찌하면 이 아름다운 풍경을 카메라에 담을까 몰입했다. 차 안에는 가사가 좋은 〈Eres Tu〉가 흘렀다. 당신은 시 같고, 화로의 불씨 같고, 시원한 미풍 같고, 한밤의 기타 소리 같고, 빵의 밀가루 같고, 모든 지평선 같다는 사랑의 찬가를 누가 나한테도 불러주면 좋겠네, 하고 미소 지었다.

풍경과 노래, 마시다 남은 커피까지……. 나의 내면에서 끊임없이 어떤 메마르지 않는 물기가 샘솟았다. 이런 역동적인 풍경만큼 확실한 존재감이 어디 있을까. 매우 영감에 찬 시간이었다. 그러면서 사랑의 물기가 그리웠다. 내 부족한 면과 혹시나 살아오면서 잘못한 일이 있나 살피게 되고, 누군가 내게 한 잘못도 모두 이해될 것만 같았다.

언젠가 30대 싱글, 네 명에게 가장 큰 고민을 물었더니,

"결혼을 당장 하지 않더라도 내 남자가 있으면 좋겠어요. 그가 누굴까, 어디서 뭘 할까, 우린 언제 만날까. 궁금하고 답답해요."

그녀들이나 돌아온 싱글인 나나 다 나약해서 혼자가 힘들다. 세상은 혼자 살기도 힘들고, 사랑 없이 못사는 사랑의 병자로 가득 찼다. 나도 사랑의 병자다. 하지만 자신을 다 걸어도 좋은 상대를 만나는 일은 좀처럼 흔하지 않다. 그러나 꿈은 포기할 수 없다. 님을 만날 거란 꿈이 있어 솔로들은 살아간다.

마침 커피소년이 부르는 〈장가갈 수 있을까〉가 라디오에서 흘러나왔다. 아, 이런 노래도 있네. 커피여자인 나는 '아, 남자들도 장가갈 수 있을까'를 고민하겠구나 싶어 귀를 크게 열었다. 나도 다시 시집갈 수 있을까, 재혼할 수 있을까를 생각했다. 찬찬히 가사를 밟으며 따라갔다. 핵심은 이렇다. 친구도 떠나가고, 운명적인 사랑이란 말도 여자 맘도 진짜 모르겠다, 통장 잔고는 없고, 누굴 만난다는 것도 어렵고, 여자도 마찬가지, 시집갈 수 있을까.

아주 공감 가는 대목은 이러다 혼자 사는 건 아닐까, 다시 사랑할 수 있을까 하는 부분. 그 말은 누군가에게 사로잡힐 수 있을까, 누군가를 사로잡을 수 있을까 하는 거겠지.

싱글 생활이 길어져 그 막막함에 닳아지는 천 조각이 되는 느낌. 어떻게 할까…….

1만 년 지나도 절실한 이야기

인생은 추워서 어디로 흘러가든
감기약만 한 구멍 만드는 일이 중요해

세상에 내민 열한 장의 너의 이력서가
아무 구멍이 되지 못한 날
낡은 옷장에 서랍 하나 부서지고
낡은 통장에 남은 돈이 텅 빈 날에
함께 가는 길이 바다야

─『침대를 타고 달렸어』, 「The hole」 중

살다 보면 알약만 한 구멍조차 보이지 않는 때가 얼마나 많은지 몰라. 감기약만 한 구멍, 다시 말해 비상구가 보이지 않는 이들을 위해 쓴 시를 잠시 읊어보았다. 쓸쓸하고 답답해지면 바다가 그립다. 하지만 바다로 떠날 만큼 한가롭지는 못해. 그럴 때면 택시라도 타고 동네를 돌면 좋을 텐데. 하지만 마음먹는 게 쉽지 않다.

이럴 때 링거 주사 한 대처럼 영양가 있는 명쾌하고 쉬운 말이 있다. 링컨의 말씀이다.

"행복은 마음먹기에 달려 있어."

1만 년이 지나도 고개 끄덕일 얘기다. 마음가짐을 바꿔 인생을 바꾸는 것. 이것은 현대인의 최고의 발견이기도 하다.

   많은 사람들은 삶의 변화를 꿈꾸고 행동으로 옮기고 싶어한다. 반드시 마음가짐과 행동이 함께 따라야만 인생이 바뀐다. 마음먹었으면 죽이 되든 밥이 되든 밀고 가는 것이다. 기회도 능력도 자신이 키워가는 것.

   '그저 우직하고 열심히' 하는 게 좋은 운을 불러온다. 기쁨과 행복은 마음먹기에 달려 있으니까.

행복도 마음먹기에 달렸어.
죽이 되든 밥이 되든 밀고 가는 거야.

어른 아이

나는 내 안에 살아 있는 소녀를 느낀다. 삶의 리듬에 눈을 뜨고, 그 리듬에 몸을 맡기며 자유를 만끽하는 소녀. 그 소녀는 어른 아이다. 어른이 되었어도 여전히 아이들처럼 흔들리고 헤매고, 힘들어하는 아이. 그러면서도 어른이면 아이처럼 굴면 안 되는 것으로 알고, 그 아이를 숨길 수밖에 없었다. 숨겨야만 잘 산다고 느끼고 인정하기 때문이다. 하지만 속마음은 다르다. 아이의 허기를 채워야 제대로 살아 있는 것이다.

나 자신과 있을 때만큼은 자신을 속이지도 말며, 숨기지도 말고, 편안히 어른 아이를 인정했으면 한다. 그 어른 아이 때문에 세상을 아름답다고 느끼고, 희망을 가질 수 있음을 고마워했으면 한다. 나도 내 안에 어른 아이가 펄펄 살아 있기에 슬픔은 더 슬프게, 기쁨은 더 기쁘게 느낀다. 답답하고, 힘든 현실을 훌쩍 뛰어넘어 자유롭게 춤을 추고, 꿈을 꾸며 삶을 부드럽게 만드는 소녀가 있기 때문이다.

일상을 신명 나게 살아가도록 꿈의 리듬을 살려주는 내 안의 천진난만한 소녀가 기쁘게, 열정적으로 예술을 마약처럼 갈아 마신다. 삶이 무거운 날, 나비처럼 가볍게 춤춰 고단한 슬픔을 날려버린다.

러브 공간으로 바꾸기

휴일만큼은 내 머무는 곳을,
노래하고 춤추는 수도원으로 생각하며 지낸다.
주님 사랑의 빛이 쏟아지는 수도원 같은 방에서
혼자 노래하고 춤추지 말라는 법은 없다.
물과 먹이를 나르기 위해 뛰다 세상을 벗어난 곳.
나만의 방.

살짝이라도 기분이 좋아질걸.
변한 게 없어도
살짝 좋은 방향으로 흘러간다 할까.

자신이 어떻게 생각하느냐에 따라 하루는 달라진다.
잠시 천장을 보고 매달린 모빌을 보며 생각해본다.
자신도 모르게 매달려 사는 게 인생이라면
균형을 잘 잡기를.

흰 눈으로 끓인 커피

Part 2

홀로 남은 흰 고양이

우리 동네 상점 여주인은 '나비'라는 이름의 고양이를 키운다. 나비는 길고양이였다. 여주인이 밥을 주고 사랑을 주니 길고양이의 하얀 털이 눈부시게 빛났다. 그리고 어느 날부터인가 나비 옆에는 의젓한 검은 고양이가 함께하였다. 둘이 나란히 있을 때 흰색, 검은색의 대비가 기품 있어 보였고 두 고양이 모두 매력이 넘쳐, 나는 감탄하였다. 오가는 사람들도 그냥 지나치지 못하여 손으로 쓰다듬거나 사진을 찍고 갔다.

그런데 어느 날 검은 고양이가 사라졌다. 누군가 훔쳐 간 것이다. 홀로 남은 흰 고양이가 밥도 먹지 않고 끙끙 앓는다며, 여주인이 걱정했다.

"검은 고양이가 그리워 저렇게 운다니까."

"서로 몹시 사랑했나 봐요. 암놈인가요?"

여주인이 나를 보며 웃었다.

"둘 다 수놈인데, 동성연애를 했나 봐."

여주인의 농담으로 나는 그녀와 함께 웃었다. 그녀의 웃는 입가에 슬픔이 엷게 묻어났다. 나는 고양이를 키워본 적도 없고, 고양이를 키울 생각도 없고, 고양이를 많이 사랑하지도 않지만, 우리네 인생만큼이나 신묘하구나 싶어 감탄하며 한참 바라보곤 했다. 여주인의 걱정을 귀 기울여 들은 후 나는 그 흰 고양이를 어루만지면서 말했다.

"검은 고양이도 매일 너를 찾고 기다릴 거야. 너무 외로워 마렴."

저마다 정이 고파 헤맨다. 고양이도 친구를 잃고 정이 고파 앓는다. 살아 있는 것들은 모두 드러내지 않아도 정들일 누군가를 기다린다. 늘 정이 고픈 건 본능이다. 언젠가 외롭고 정이 고파서 조금씩 썩어가는 괴로움을 겪어본 자는 알 것이다. 누군가는 새로운 사람을 만나 새로워진 자신을 더듬으며 마음에 닿는 맑은 감촉을 통해 사랑의 가치를 알게 된다. 마음의 상처로 자신이 성장하는 걸 기억한다면 그 슬픔도 조금은 가뿐해지겠지.

하지만 고양이에게 이런 성장은 없나 보다. 여주인과 함께 걱정한 후 스무날이 지나,

흰 고양이는 죽고 말았다.

저마다 정이 고파 헤맨다.
살아 있는 것들은 모두 드러내지 않아도 정들일 누군가를 기다린다.
늘 정이 고픈 건 본능이다.

흰 눈으로 끓인 커피

아아, 탄성을 질렀다. 『금병매』에 실린 시를 보고 나는 그만 황홀해졌다.

소매를 잡고 술잔을 건넬 적에
비단 속의 손은 하얗기만 하구나
서리를 맞은 귤의 맛도 좋은데
눈으로 끓인 차의 맛 기막히구나
분위기가 더 무르익으니
술도 더 취하여 정도 깊어만 가는구나

마음으로 떠올린 이미지만으로 가슴이 아릴 정도로 아름다웠다. 산성비, 산성눈 내리는 시대에 그런 아름다운 분위기 속에서 어찌 따끈따끈한 사랑이 타오르지 않을까.
 글자들이 가늘게 떨리면서 날아오를 듯하다. 흰 눈으로 끓인 차라니!
 저녁만 되면 우리 동네는 커피 볶는 냄새로 가득하다. 나는 차보다 커피를 마신다. 첫눈을 받아 뜨겁게 끓여 세상에서 제일 맛있는 커피를 사랑하는 이와 함께 오붓하게 마셔도 좋을 듯하다.
 그의 몸이 뜨겁다. 너의 몸도 난로구나.
 멀리 숨어 상상하는 그대 몸도 내 몸도 뜨끈뜨끈 난로구나.
 사랑도 전염되는구나.

사랑만 전염되는 것이 아니라 뜨겁게 만드는 것들은 뭐든 전염성이 크다. 다만 금세 식지 말기를…….

디테일한 사랑

사랑이 뭘까?
단지 변하지 않는 걸까?
변하지 않는 거라 믿고 싶기에 변하는 걸까?
그 사람의 미소가 좋아서 미소 짓는 상상을 할 때 내 마음이 행복해지는 걸까?
소중한 님이 손을 놓았어도 내가 안 놓으면 괜찮다고 믿는 일일까?
어디선가 읽은 사랑에 대한 얘기를 사탕처럼 빨아본다.
알사탕처럼 천천히 굴려본다.

사랑이란 어떤 남자애에게 너의 셔츠가 예쁘다고 말했을 때 그가 그 셔츠를 매일 입고 오는 거예요.
사랑이란 엄마가 아빠를 위해 커피를 끓인 후 아빠에게 드리기 전에 한 모금 맛을 보는 거예요.
사랑이란 한 소녀가 향수를 뿌리고, 한 소년이 애프터 쉐이브를 바른 후 만나서 서로의 향기를 맡는 거예요.
사랑할 땐 속눈썹이 올라갔다 내려갔다 해요! 작은 별들이 내 안에 보여요.

사랑은 이렇게 디테일한 것이다. 시와 예술도 마찬가지다.

가슴은 늘 디테일한 사랑을 원해

인생은 빼빼로 과자처럼 쉽게 부러지고 금세 녹아버리고, 시간은 덧없이 흘러가버린다. 간간이 커피 향이 내 존재감을 일깨우듯, 문득 바람이나 음악이 내 텅 빈 가슴을 훑고 지나간다. 그때 느끼는 것들.
문제는 '가슴속에 사랑하는 이가 없다는' 거야.
그깟 남자 하나 때문에 치마가 펄럭이다니. 세상 남자가 빨래처럼 널렸는데, 아프다니. 진실로 사랑하고픈 이를 못 만나 바람이 될 것 같다는 당신. 마더 테레사의 말씀이 네 가슴속에 별처럼 들어앉기를 바라.

이 세상에는 여러 종류의 병이 있다. 결핵, 암, 그리고 한센병 등 세상에는 무서운 병들이 참 많다. 그러나 이보다 더 크고 중한 병이 있다. 아무도 돌보지 않고 사랑하지 않고 필요로 하지 않는 것…… 이것이 가장 큰 병이다. 육체의 병은 약으로 치유될 수 있다. 그러나 고독과 절망과 좌절의 유일한 치료제는 사랑이다.
세상에는 빵 한 조각이 없어서 죽어가는 사람들이 많다. 하지만 사랑이 없어서 죽어가는 사람들은 더 많다.

나는 너를 응원할게. 너는 사랑을 할 거야. 키스를 퍼붓는 사람이 널 사로잡을 거야. 걱정 마렴.
우리는 깊이 사랑하고 사랑받는 존재로 살아가야 해. 그런데 다들 스마트폰만 바라보고 산다. 물론 스마트폰 속에 모든 마음이 모여 있어서겠지. 하지만 소중한 사람과 시간을 함께 보내고, 그가 힘들어하면 곁에 있어주고, 일부러 밥을 먹고 차를 마시는 시간을 내는 게 사랑인데, 우리는 만나지 못하고 있다.

바쁜 일상에 짬을 내서 무조건 만나야 하는데.

사랑하고 사랑받는 법을 꾸준히 연습하고 표현하지 않으면 평생 사랑에 허기진 채 살아갈 수밖에 없다. 내가 주변 사람들에게 어떤 사람이 되어줄 것인가를 하나둘 생각해본다.

사람이면 갖춰야 할……,

정, 친절, 기쁨, 안정감, 너그럽게 용서하는 마음, 희망, 신뢰, 부드러움, 화 안 내는 마음…….

이건 목소리부터 낮아져야 가능해.

포켓녀가 되어줄게. 외투가 되어줘.

어떤 화창한 날, 분홍빛 어리도록 화사하게 화장도 잘 받은 날. 거울을 보면 유난히 예뻐 보이는 날. 송혜교만큼은 아니지만 송혜교의 실루엣으로 착각할 만큼 이 예쁜 모습을 보여줄 사람이 없어 쓸쓸해지는 날. 29세 그녀의 마음이 흔들의자처럼 몹시 흔들거렸다. 인간관계도 점점 좁아지고, 전화를 걸어 수다 떨고 싶어도 마땅한 친구가 떠오르지 않는다.

스마트폰으로 언제 어디서든 통화나 이메일 수신이 가능하다. 손가락만 대면 페북, 카스, 트위터가 금세 열린다. 컴퓨터 앞이 아니어도 어디서든 실시간 채팅을 할 수 있다.

그렇지만 사용하는 기계가 아무리 발전해도 꿀처럼 달콤하고 끈끈한 인간관계가 함께 좋아지는 것은 아니라고 느끼자 그녀의 어깨가 더욱 무거워진다. 자신의 인간관계가 점점 좁아지는 건 친한 친구 모두가 애 키우느라 바빠 자신과 놀 시간이 없다는 것, 다른 친구들은 연애 중이거나 직장 생활을 해 전화 걸기도 미안하다.

사랑하여 힘들 때가 있어도 그가 있으면 인생은 흥미롭고 행복할 것이다. 흥미로운 정도가 아니라 그는 자신에게 없어서는 안 될 존재, 부디 저와 함께 늙어가요, 라고 낙서도 해봤다. 함께 입을 커플룩도 사놓았다. 그러나 옷장에서 낡아가고 있다. 옆에서 짜장면이든 된장국이든 맛있게 먹는 남자가 있으면 좋겠다고 생각했다. 늘 생각뿐인 그녀는 메모장에 이렇게 끄적거렸다.
 "내가 포켓녀가 되어줄게, 외투가 되어줘."
 아무도 그녀 말을 들어주지 않는 쓸쓸한 가을이었다.

사랑도 연습이라서

조금 단순한 애정은 빨리빨리 지나가기에만 급급하다. 대체로 사람들은 사랑을 할 때 지나치게 사랑하든지, 충분히 사랑하지 않는다.

중요한 건, 사랑하려면 상대 앞에서 참을성 있게 귀 기울이며 세심해질 것. 사랑의 실천도 훈련이고 연습이라서 마음으로 헤아리고 살필 것.

잘못하면 이런 훈련이 되기도 전에 단추를 잘못 끼워 사랑이 집착으로 흐를 수 있다는 것.

"집착은 망상을 만드는 강력한 제조기다. 초탈하는 사람만이 실제에 다다른다."

시몬 베유의 말처럼 집착은 망상으로 이끌기에, 연애에서는 조금은 쿨한 자세가 오래갈 수 있고, 안정된 결혼 생활로 이끌 수도 있다는 것.

이어질 듯 이어지지 않는 인연. 잡힐 것 같으면서도 잡히지 않는 사람. 폭포처럼 재빨리 내빼는 사람, 폭포처럼 재빨리 사라지는 그런 사람과. 이런 폭포성性 사람은 손 닿는 것마다 모두 물로 만들어버린다. 쌓아놓은 애정도 물이 되어버린다. 이런 물을 생각하니 네덜란드 뮤지션 카로 에메랄드의 〈Liquid Lunch〉가 떠오른다. 눈물 글썽해지는 점심이란 뜻인가? 흐르는 듯한 점심, 거침없는 점심인가? 어쨌든 가사는 모른다. 다만 폭포처럼 쏟아지는 가락이 아주 매력 넘친다.

폭포성性 애인 때문에 괴로운 사람에게 나는 다만 이렇게 말하고 싶다.

"계속 열심히 그를 쫓다가 적당한 시기에 손을 놔버려. 그러면 이번엔 그가 쫓아올지 모르니까."

어른들은 스스로 이겨내야 할 일이 많아서
슬프고 추울 때가 많단다.
그럴 때마다 어딘가 숨을 곳이 필요해.
그 숨을 곳에서 소꿉놀이하며 논단다.

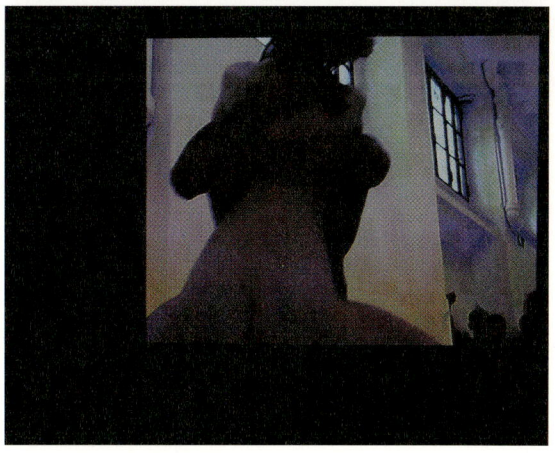

섹스에 대한 생각

그대의 거실에 감미로운 음악이 흐르면 흐음, 혼자 듣기 아깝네. 창을 열면 나무들이 술렁이고 아름다운 향기, 이 또한 혼자 보기 아깝네. 아직 이불 속이라면 곁에 님이 있으면 좋겠네, 이렇게 솔로들은 생각할지 모른다.

누군가 내게 다가와 섹스에 대한 질문을 해오면 나는 아무 말도 할 수가 없다. 다만 언젠가 한 어린아이가 내게 한 질문에는 답한 적이 있다.

"섹스가 뭐예요?"

"엉?"

당황하여 머뭇거리다가 한 번도 못 해봐서 모르는데, 하고 말할까 하다 이렇게 말했다.

"응, 애들은 부모나 어른들이 돌보지만, 어른들은 스스로 이겨내야 할 일이 많아서 슬프고 추울 때가 많단다. 그럴 때마다 어딘가 숨을 곳이 필요해. 그 숨을 곳에서 소꿉놀이하며 논단다. 그런데 남자 여자가 진짜 많이 좋아하면 그게 더없이 좋은가 봐. '섹스'란 이름이 섹시해서 사람들이 많이 좋아하지."

이렇게 읊조리고 말았다. 말해놓고 나서 더 좋은 답이 떠올랐다. 그저 너희들이 크면 자연히 알게 된단다, 이럴걸. 이내 후회도 되어 고개를 저었다. 그러자 아이는 눈을 빨간 사탕같이 굴리며 이렇게 또 묻는다.

"섹시는 또 뭐예요?"

도저히 답이 나오지 않아 마릴린 먼로의 사진을 보여줬다. 이 여자를 섹시하다고 말한단다. 그러면서 먼로의 인터뷰를 떠올렸다. 잠잘 때 어떤 옷을 입고 자느냐는 질문에 그녀가 웃으며 말하던 모습을.

"말하기가 좀 그런데…… 당연히 알몸 아니겠어요?"라고 했던가, "샤넬 No.5"라고 했던가 그랬다. 알몸으로 늘 섹스할 준비가 되어 있다는 말처럼 들렸다. 늘 섹스할 준비가 되었다는 건 힘이 좋다는 걸까. 시간이 남아돈다는 뜻일까. 외로움을 많이 타거나 사랑할 때의 절정을 많이 누린 사람은 혼자가 되면 더없이 외로움을 타는 법. 먼로는 누구보다 외롭고 쓸쓸하게 죽어갔다.

아무튼 우리 같은 생활의 노예는 알몸이 될 여력이나 여유도 없이 산다. 그저 가로등처럼 쓸쓸히 서서 어두운 길을 비추고 분주하기만 해.

생각만 하는 사랑

싱글이면 누구나 꿈꾸는 그 인연의 실. 돌아온 싱글인 나도 이젠 갖고 싶다. 내 짝꿍은 어디에 있나 몹시 궁금하다. 누구시기에 여태 내게 오지를 않나. 어떤 때는 슬프다.

언젠가 짝꿍이 오리라 믿고 가만히 있다간 사랑은 영영 오지 않을 수 있다. 실제 그 인연의 실을 막연히 기다리며 세월을 보내는 싱글 남녀들이 많다. 아니, 노력했다가 그냥 내버려두고 기다리는 사람들도 많으리라. 그뿐 아니라 끌리는 사람이 있는데도 표현 한 번 못 하고 생각만 하고 세월 보내는 이도 적지 않다. 에드윈 알링턴 로빈슨이 이런 말을 했다.

"말하지 않는 사람들의 마음속에는 그저 담아두기만 한 사랑이 생각보다 훨씬 더 많다."

그럴 것 같다. 아빌라의 성녀 테레사는 "가장 중요한 것은 생각하는 것이 아니라 많이 사랑하는 것"이라 했다. 사랑하는 만큼 행동으로 표현하지 않으면 아무 의미가 없다.

왜 생각만 하는 사랑이 많을까. 그건 마음을 표현했다가 거절당해 상처받을까 두려워서다. 항상 표현과 행동을 어렵게 만드는 건 거절당해 아플까 하는 두려움. 그 아픔을 한 번쯤 겪었기에 두려워하는 것이다. 상처의 고통을 받아들일 용기가 필요한데, 그 용기 또한 쉽지 않다. 어떤 책이었는지 기억나지 않지만 '상대방에게 마음을 열기가 두려운 이유'를 보고 나는 한숨지었다. 그 이유가 상대방이 자신을 싫어할지도 모르기 때문이라 한다. 상처받을까 두려워 포기하는 사람. 그만큼 자존심이 다치는 걸 견딜 수 없는 것. 이렇게 나약한 존재가 사람이다.

새 사랑은 언제나 찾아오며, 그것도 훨씬 나은 사랑이다.
좋은 생각을 해야 좋은 사랑이 온다.

이별 후 몇 달은

다음 주 화요일이면 주소가 바뀌어. 이삿짐 중에 네 칫솔과 티셔츠를 상자에 넣어 옮겨놨어. 어제 종일 벽지, 장판지 고르고 모든 걸 혼자서 꾸역꾸역 해내고 있어. 아는 분이 지압을 해주셨는데, 참 좋았어. 배워서 너에게도 해주면 좋겠더라. 산타클로스 할아버지처럼 썰매 타고 오지 않아도 돼. 언제든 문득 내가 생각나면 바뀐 주소로 와 벨을 눌러봐. 나는 없을 거야. 이미 네 마음속에 들어가 있을 테니까.

그녀는 헤어진 남자 친구에게 메일을 띄웠다. 헤어진 남자 친구가 읽을지 안 읽을지 따지지도 않고 말이다. 그녀는 이사 간 주소로 그가 와주길 바랄 뿐이다.

쉽게 만나고 쉽게 헤어지는 요즘 창덕궁 달빛기행에서 너구리를 봤을 때처럼 신기한 일이다. 저마다 쿨한 척하지만 너구리처럼 숨어 있을지……. 이런 사랑의 희귀종들은 그저 순수한 마음을 가졌을 뿐이다. 하지만 그들에게 부탁할 것은, 그가 돌아오지 않아도 너무 아파하지 말 것.

마음을 돌려 스스로의 성장에 열정을 쏟다 보면, 전 애인도 구겨진 동전처럼 형편없어 보이겠지. 아마 그대는 '사랑'을 사랑한 것인지도 모른다. 어쨌든 최선을 다했으니 구겨진 동전은 반드시 땅에 묻고 올 것. 사랑의 집착, 이 비극의 신화로 카르타고의 여왕 디도 이야기가 있다. 애인 아이네이아스에게 버림받아 그녀가 택한 지독한 자살은 절대 쫓아가지 말 것.

이별의 괴로움이 싫어서 사랑을 못 하는 이들도 꽤 많다. 밀당도 싫어서 누군가를 사랑하기가 겁난다는 사람도 있다. 꽃이 져도 봄은 다시 오지만 한 번 떠난 사랑은 다시 오기 힘들다. 새 사랑은 언제나 찾아오며, 그것도 훨씬 나은 사랑이다. 좋은 생각을 해야 좋은 사랑이 온다.

그 간절한 꿈을 고이 간직하면 언젠가 사랑이 되돌아오기도 하겠지.

누구나 살아 있는 최고의 시간을 꿈꾼다. 사랑을 꿈꾸는 데는 특별한 감각이 필요할지도 모른다. 이별 이후에 다시 꿈꾸는 만남. 뜨거운 재회. 몸을 잇고, 마음을 잇는 인연의 절정. 사랑은 영원에 닿고 싶어 한다.

그의 그림을 보면 어둑어둑 빛나는 이 슬픈 친밀감은 무얼까.
가슴이 설레고 뜨겁고 서글퍼지는 존재감의 시적 표현.

유통기한을 넘어서는 사랑

 귀한 사랑을 떠올리면 바로 생각나는 화가가 있다. 모딜리아니. 20세기 초, 모딜리아니는 여러 미술 사조가 뒤섞여 있던 유럽 미술계에 휩쓸리지 않고 자신의 독창적 예술 세계를 고집스럽게 일구었다.
 그의 그림을 보면 어둑어둑 빛나는 이 슬픈 친밀감은 무얼까. 가슴이 설레고 뜨겁고 서글퍼지는 존재감의 시적 표현. 길고 왜곡된 데포르마시옹 기법을 써서 묘한 매혹을 더하는 인물상. 짙게 밴 인생의 애환과 애수에 젖은 고독감. 그를 이해하기 위해서는 그가 단테, 비용, 보들레르, 랭보의 시를 술술 암송할 만큼 시를 사랑했고 박식했단 사실 못지않게 그의 아내 잔 에뷔테른을 알아야만 한다.
 위대한 예술은 작가의 창조적 고뇌와 함께 가족, 연인의 뜨거운 헌신과 수고로 열매를 맺는 경우가 많다. 특히 남성 예술가에게 있어 영감을 주거나 조력해준 여성은 작품과 인생에서 절대적인 존재다. 샤갈의 아내, 달리의 연인 갈라, 마그리트의 아내도 그렇다. 가만히 생각해보니 나도 연인이나 남편이 꼭 있어야 할 거 같다. 대가 급의 예술가들은 다 사랑의 은총 속에서 빛나는 작품을 창조했으니, 가슴속에 다짐을 한다. 꼭 님을 만나자고.
 다시 잔 에뷔테른으로 돌아가자. 잔은 '모딜리아니를 위해서 태어난 여성'인 것만 같다. 천국에서도 모델이 되어주겠다는 모딜리아니만의 여자, 결핵늑막염으로 모딜리아니가 죽자 그 이틀 후 8개월 된 아이를 임신한 채 투신자살한 잔. 그들의 비극적 로맨스는 진정한 사랑의 의미를 잃고 사는 현대인들에게 진한 감동을 준다. 사랑인지 정욕인지 구분이 안 되고, 사랑이라 해도 유통기한이 너무나 짧은 현대인들에게.

애정 관계도 이제 조건과 이해타산을 따지면서 한 남자 한 여자에게 모든 것을 걸고 희생하는 지순한 사랑은 보기 힘들어졌다. 드라마와 영화도 영향을 받아 청순한 캐릭터와 청순한 이미지의 스타가 크게 줄어들었다. 귀한 사랑은 여전히 귀하고 소중한 것도 여전히 귀한데 말이다.

고마워, 미안해, 용서해줘, 사랑해

다툼과 이별을 슬퍼 말고
자신을 비워봐요.
카톡 친구, 트위터 팔로우, 페친 삭제하면
그 사람 존재가 지워지나요.
핸드폰 번호를 지우면 돌풍같이 사라지나요.

수신 거부, 스팸 처리, 그것도 놓아버려요.
모두 내 탓이라 여기면
빈 마음에 붉고 넉넉한 바람이 붑니다.

상처받지 않으려고 서로 상처를 주고
거친 말이 오가면 그 인연 잠시 끊어줘야 합니다.
사람 사이 푹 빠졌다 시들해지고,
멀어졌다 이어지고, 이어졌다 멀어지면
대나무 속같이 자신을 비워봐요.
"고마워, 미안해, 용서해줘, 사랑해."
되뇌어봐요.
신의 숨결이 담긴
이 세상 가장 아름다운 말들을.

외로움의 은총

Part 3

재능을 찾는 여행

문득, 사라진 사람들이나 옛 기억이
새로운 추억처럼 하나씩 떠올랐다 흐려졌다, 반복한다.
인생은 자신의 재능을 찾는 여행만큼이나
자신의 영혼을 찾고 그 깊이를 파헤쳐가는 일이다.

생의 비밀을 찾아가자.

지금 시도하지 않으면 안 되는 이유

 오늘은 음악만으로도 겨울 추위를 견딜 수 있겠다. 에너지 절약을 위해 방 보일러를 잠시 껐다. 제이슨 므라즈의 노래 〈Lucky〉. 기분 좋은 노래 하나가 오후의 시간을 덥히고 있다.
 가사를 잠잠히 음미해본다. 우리가 사랑에 빠진 것이 행운이며 우리가 그곳에 머무른 일도 행운이라는 것이다. 노래를 통해 생각해보면 내가 살아 있는 것조차 행운이다. 문득 내 육체와 혼이 있음에 감동한다. 내 눈앞에 펼쳐지는 풍경, 너울대는 나뭇가지도 신비롭다.
 각박해지는 삶 속에서 집을 나와 혼자 사는 사람이 늘고 있다. 형제들과 뿔뿔이 흩어져 1년에 얼굴 서너 번 보기도 힘든 가족이 허다하다. 일상의 기적이 가까이 있는데도 미처 깨닫지 못하고 우리는 흩어지고 있다. 삶은 누구에게나 어느 날 아무 예고 없이 온데간데없이 사라진다. 삶이 이렇게 유한한데 지금 우리는 무얼 하는 걸까? 모두 경쟁 사회에서 떠밀리지 않기 위해 숨 가쁘게 산다.
 문득 길에 멈춰 서서 앞을 본다. 이렇게 앞만 보고 달리는 사이 정작 소중한 것들을 잃어버린 건 아닐까. 뒤를 돌아본다.
 '가족은 따스한 방에서 이야기를 나누는 사람들'이란 말이 있다.
 몸을 덥히는 그 향기로운 방에서 우리는 충분히 사랑하고 사랑받고 있는 걸까? 이별의 순간은 누구에게나 어김없이 닥쳐온다. 더 늦기 전에 뒤를 돌아보고 사랑을 전해보라. 온전한 인생은 제때 사랑을 전하고 사랑받는다. 미루지 말자. '나중'이란 없다.

새로운 인생도, 새로운 사랑도 지금 시작하지 않으면 안 된다. 언제나 지금 시작하는 사람에게만 행운이 온다. 지금 시도하지 않는다면, 무슨 일이 벌어졌을지 항상 궁금해하며 살게 될 것이다.

혼자만의 시간을 야무지고 알차게 쓸 때 고독은 달콤하다.
고독은 고난만큼이나 인생을 바꾼다.
감수성이 촉촉해지고 정신이 맑아진다.
남과 나를 명확히 알게 된다.
저마다 자신감을 찾는다.
그러니 고독을 피하지 말 것.

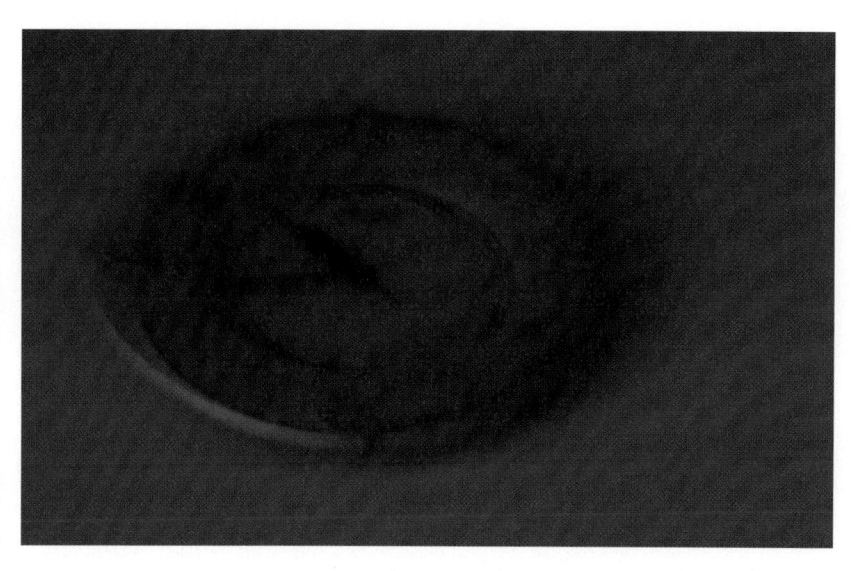

고독은 배우는 시간이다

나만의 시간을 갖는다는 건 절실하다.

장기 불황으로 전화 거는 횟수도 줄었다. 핸드폰 전화료를 생각 안 할 수가 없다. 그러다 보니 사람 만나는 일도 줄고, 고독한 시간이 더욱 늘어났다. 지금보다 훨씬 젊을 적 대부분의 날은 매일 전화벨 울리기 바라는 쓸쓸한 마음이었다. 그러나 시간이 주는 지혜가 있다면, 나를 부르지 않고 내게 오지 않는 것에 대해선 과감히 포기하고 체념해야 한다는 점이다. 물론 전화가 오길 기다리는 마음이 아예 없다면 거짓말이지만.

혼자만의 시간을 야무지고 알차게 쓸 때 고독은 달콤하다. 고독은 고난만큼이나 인생을 바꾼다. 위대한 예술가나 정신적 스승들이 많은 시간을 혼자 지냈다는 것을 보면 고독은 분명 선물이다.

창조를 위한 고독은 예술가만 필요한 게 아니다. 누구에게나 인생의 많은 고민에서 풀려나는 시간이다. 이럴 때의 고독은 나의 의지가 반영된 즐거운 고독 Solitude이다. 반면 가슴 저미는 부정적 고통의 감정은 쓸쓸한 고독 Loneliness이다. 내 의지와 상관없이 찾아오는 외로움. 쓸쓸한 고독이 즐거운 고독으로 변하도록 잠연히 있어보자. 자기 내면의 거울을 볼 나만의 시간을 갖는 습관을 들이자. 창의적인 내가 되는 고독의 시간, 감수성이 촉촉해지고 정신이 맑아진다. 남과 나를 명확히 알게 된다.

인생의 성공은 복잡한 일과 사건들 사이에 휴식과 여백의 시간이 있었느냐에 달려 있다. 그만큼 혼자 있는 시간은 성숙한 자아를 키워 내는 요람으로써 성장과 창의성을 일깨운다. 물론 도저히 견디기 힘든 때도 있다.

서양인이 동양인보다 고독에 강한 편이다. '사람은 어차피 혼자다'란 생각을 하기에 고독을 피하지 않는다. 그 속에서 자신에 대한 실존적 의미를 더 탐구하려 한다. 그들은 고독을 통해 저마다 자신감을 찾는다.

나를 바꾸려는 열정에 사로잡히다

누구에게든 자신을 구원해주는 뭔가가 있다. 내게는 내 두 번째 시집 『세기말 블루스』가 그렇다. 그 시집에서 길어서 차마 다 인용하지 못하는 「나의 이십대」가 지금도 나를 자극한다. 바로 삶을 바꾸려는 열정이다. 수많은 실패와 절망의 아궁이에서 피어오르는 불빛. 그 불빛 속의 24세, 25세, 30세만 여기에 풀어놓아본다.

> 나는 의지박약증 환자였고 지지리도 못난 울보였다
> 나와 식구들은 야당정치가 아버지 운명의 새끼줄에 끌려 다닌
> 궤짝 안의 고달픈 사과였다 이제 뭐든 끝장을 보는
> 집요증 병자가 되기까지 부끄러움을 무릅쓰고
> 80년대의 바다와 격랑 속의 나의 이십대를 메모한다

24세-청춘은 상실의 활주로에서-초가을 첫 연애에 실패, 주변에서 4명 사망. 모든 혼란으로부터 탈출하려 몸부림치다. 다신 돌아오지 않는 비행기같이 청춘과 심각했던 풋사랑은 날아간다

25세-고독과 예술의 은총을 선택했다-장미 화원처럼 황홀했던 정기간행물실에서 살다. 자살하고 요절하고 남달리 불우하고 저주받은 작가에게 위로받고 고단백 예술의 영양가를 얻다. 싸르트르와 함께 구토하고 카프카의 성에서 바슐라르와 촛불을 켜고 까뮈에게 정직함을 배

우다. 마르께스의 밀림을 날아다니고 네루다 김수영 이성복의 지평선 에서 사자노을을 보고 또 하염없이 울다. 새 집을 지을 때까지 40평 추운 건물에서 각자의 짐으로 가린 채 4남매는 지겹게 다투며 겨울을 지내다

30세-독신의 빛과 그들-극도의 불화 끝에 어머니가 주신 천만원으로 두달간 전세의 전세 살다, 다락방으로 이사, 4년간 기거
많은 영화와 음악과 조플린과 바젤리츠 쟈코메티에 전율하며 더 많은 생각 더 많은 독서와 더 깊은 시를 쓰자고 몸부림. 독신생활은 때론 향기로우나 처절해서 교도소가 따로 없더라

고요함 속으로 들어가면 조급함이 사라진다.
그런 자신과 친할수록
자신감이 생기는 것.
신기해.

두려워 마, 조급해하지 마

침묵,
고독의 시간이 늘어날수록 고독에 익숙해지고
그 안의 고요함이 어렵지 않다.
고요함 속으로 들어가면 조급함이 사라진다.
그런 자신과 친할수록
자신감이 생기는 것.
신기해.

신기하게도 발칸반도 여행 중
두브로브니크의 프란체스코 성당을 열었을 때
어둑하고 오래된 향기에 끌렸다.
성당 신문에 실린 손바닥보다 작은 그림이었다.

책가방을 멘 소년이
아득한 세상을 바라보고 있었다.
소년이 자기 몸보다
큰 책 더미 위에서 중얼거리는 듯했다.

두려워 마, 조급해하지 마.

행복과 불행은 어디서 오는가

왜 인생이 힘들고 불행하게 생각될까

자신에게 솔직하지 않아서야
자꾸 뒤만 보고 가거나 미리 앞질러서 두려워하는 건 아닐까
세상살이를 어렵게 생각해서야
왜 그리 남의 일에 참견하고 흉을 보지
진정 원하는 일을 하고 있나 살펴봐
자신이 하찮게 꺼져버리는 연기가 돼버릴까 무서워하는 건 아닐까
한없이 사로잡혀 일하고 그 뒤 결과에 대해 마음을 비우리
최선을 다한 후, 모든 걸 하느님께 맡기기

모든 문제는 생각에서 시작해
불행은 자신의 처지를 남과 비교함으로써 생기고
고통은 생각이 지나쳐 집착하고 저항하는 데서 오지
결국 생각과 해석이 나를 만들고
인생길을 만들어

행복의 조건

내가 잃고, 잊고 지낸 디테일한 감정과 사랑의 꿈이 내 안에서 다시 살아났다. 이때의 희열감은 비로소 쉬는 시간을 가질 때 생기는 축복이었다. 이 쉬는 시간이 바로 행복의 조건이다.

삶을 즐기고 창조할 수 있는 시간이 숨 쉬고 있다. 쉬는 시간에 놀고, 배우고, 창조하고, 새로운 일을 꿈꾼다. 오래되거나 새로운 친구들과 정을 나누고 정다운 추억을 만든다. 잉여시간에 잉여인간이 되는 것은 아니다.

행복은 자신의 나이를 햇살처럼 온몸으로 받아들이는 것이다.
행복하려면 결혼이나 연애를 통해 생의 동반자를 찾고 구해야 한다.
먼 데만 바라보지 말고 곁을 둘러보라.
어딘가 부족한 듯해도 정겨운 누군가가 있다면 시간을 내서 차를 마시자고 말해볼 것.
당장에 힘들다면 어깨 힘을 빼고, 자신을 위해 잘 먹고, 배우고, 더 매력적이고 좋은 사람이 되려 좋은 책을 읽고, 풍요로운 생활을 누릴 것.
그러다 보면 곁에 그분이 보인다.
이룰 수 있는 만큼의 꿈과 못 이룰지라도 큰 꿈을 꿔볼 것.

가난이란 두 가지. 파란 사과, 빨간 사과

가난을 둘로 나눠볼까.
파란 사과, 빨간 사과 두 가지로 나누듯이.

첫째, 파란 사과는 스스로 가난과 청빈을 말할 때 정신적 삶의 가치를 소중히 하는 거지.
내가 가진 것을 세상과 나누는 가난이겠지.
둘째, 빨간 사과를 고통과 형벌로서의 가난이라 해볼까. 자본주의에 길들여진 이들이 가진 생각. 누구라도 여기에서 벗어나기 힘들지.

정신과 영혼의 무게를 더 소중히 여기는 나 같은 예술창작자들은 자본주의에 길들여진 삶에서 조금 비켜나 있긴 하다.
청빈, 다시 말해 파란 사과를 즐기는 자는
아무리 가진 게 없어도 마음을 부자라 생각하며 사니까.
솔즈베리의 요한은 "가난은 행운"이라 했어.
모든 땅은 하느님이 깃든 영혼의 땅이란 철학을 경험한다는 말.
그건 맞아. 완전히 욕심을 없앨 수는 없어. 하지만 자꾸 비워야 남을 사랑하는 힘이 커지긴 해.

나만 알고 살면 인생이 뭐가 되겠어,
라고 되뇌니 내 옆의 어린 친구가 이렇게 말한다.

"실없는 인생이 되겠지."
어린 친구의 말대로 자기만 알면 인생은 연기같이 덧없이 흩어질 뿐이다. 셰익스피어의 말도 가슴에 새겨두고 싶다.

주여, 누가 궁전의 소란 속에 살려고 하며 이처럼 고요한 산책을 즐기려 하지 않겠습니까? 아버지가 저에게 물려준 이 조그만 유산은 저를 흡족하게 하며, 커다란 왕국만큼이나 값진 것입니다. 타인을 누르고 나 자신을 살찌우려 하지 않고 부러움을 살 만한 어떠한 재산도 모으지 아니하며 그럭저럭 먹고살 만큼의 자족함으로 가난한 이들이 내 집 대문을 즐거운 마음으로 나설 수 있게 합니다.

비밀

사람들이 무슨 생각을 하며 무얼 감추고, 무슨 고민을 하며 사는지 궁금하다. 정말 그 비밀이 궁금할 때가 있다.

누구나 비밀을 가지고 있다. 그 비밀을 저마다 친구 한두 명 정도는 알고 있다. 혼자만 자기의 비밀을 간직하고 지내는 균형감 있는 사람이라면 그나마 다행이다. 그러나 나눌 친구조차 없는 나약한 사람들이 많다면 개인만이 아니라 사회적으로도 큰 문제이다.

정신과 의사인 남동생 신동환의 말에 깊이 공감한다.

"성적 억압으로 생긴 개인의 욕구불만이 모이면 사회적 불안으로 번져가. 꼭 성적 억압만이 아니라 인간의 여러 가지 본능이 예술적으로 승화될 수 있는 여건이 되어야 사회가 안정돼."

언젠가 내가 했던 '비밀 엽서 프로젝트'에서, 처음 엽서를 살피다가 사람들이 그토록 다양한 비밀을 갖고 있다는 것에 놀랐다. 저마다 외롭고 슬프고, 흥미롭고 심오한 비밀들. 아주 사소하고 즐거운 비밀까지 들여다본 적이 있었다. 남을 통해 내 안에 감춰진 욕망이나 슬픔, 고독과 열정을 비춰보며 비로소 나를 발견하는 색다른 깨달음까지 얻었다.

비밀을 털어내는 사람 또한 자기 안에 감춰진 열정을 발견할 것이다. 그동안 아팠거나 끝없이 시달리던 괴로움에서 벗어나는 평화를 누릴 것이다.

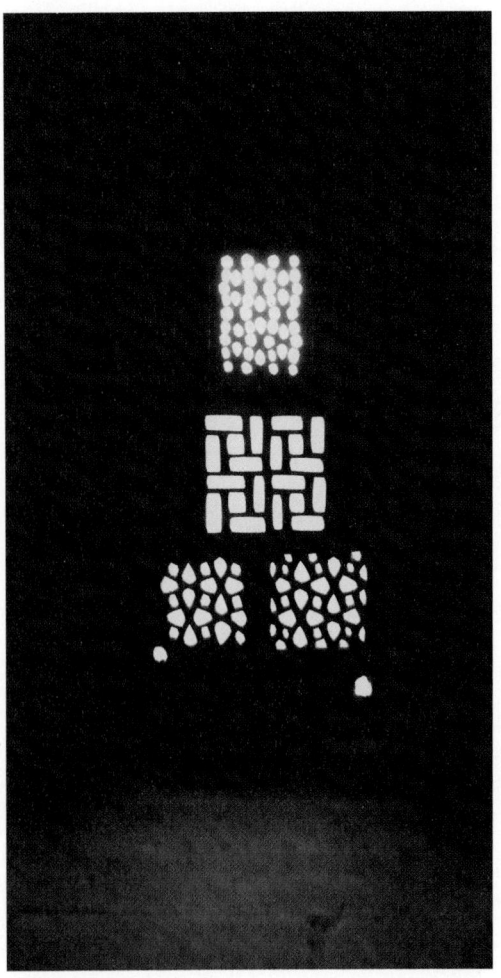

라디오를
듣는시간

Part 4

축축하고 조금은 우울한 날

녹차를 마시며 집 정리를 마쳐갔다. 언젠가 떠나야 할 여관과 같은 전셋집을 정성을 다해 꾸몄다. 어떤 이들은 이렇게 말한다.

"남의 집에 뭐하러 돈 들여."

하지만 삶은 즐거운 품앗이다. 집도 생명과 같아서 가꾸고 정붙이고 살면 집도 나도 즐겁고, 나 떠난 후의 새 세입자도 즐거울 것이다.

먹고사는 일 외의 모든 인간사 고민의 뿌리는 사람과 사람 사이의 관계, 정과 사랑의 갈망에 있다. 그 관계에서 벌어지는 일과 사랑으로 사람은 병들기도 하고 치유되기도 한다.

말할 수 없는 것들과 아프고 사무치지만 가슴이 타오르는 이 저녁 시간을 참 사랑한다. 추억은 해 질 무렵에 더욱 강렬한 향기를 내뿜는다. 그렇게 강렬한 에너지를 받고 집에 돌아오면 라디오를 틀고, 보일러를 돌리고, 라벤더 향초를 켠다. 순두부찌개에 밥을 곁들이고, 호밀빵을 전자레인지에 30초 덥힌다. 시금치를 데쳐 발사믹 소스를 얹어 만든 샐러드. 시금치 샐러드를 좋아하는 애인은 없어도, 시금치 샐러드를 좋아하는 애완견이라도 있으면 덜 쓸쓸할 거 같다.

오늘 아침에 도착한 메일이 가슴에 남는다.

"낭비된 인생이란 없어요. 우리가 낭비하는 시간이란 외롭다고 생각하며 보내는 시간뿐이죠."

외롭다 생각하며 허비하는 시간을 조금만 줄여도 나는 참 근사한 인간이 될 것 같다.

팝송 키드

왠지 모르게 갑갑하고 무겁던 몸도 팝송을 듣다 보면 맑은 강물처럼 가벼워진다. 나는 클래식, 재즈, 팝송, 가요…… 가리지 않고 듣는다. 늘 라디오를 켜두고 일하거나, 내 스크랩 목록에서 음악을 들으며 청소와 식사 준비도 하고 작업도 한다.

나는 '팝송 키드'라서 지금도 매일 팝송을 먹고 마셔야 한다. 그래서 라디오에서 〈FM POPS 한동준입니다〉와 〈배철수의 음악캠프〉, 〈아름다운 이 아침 김창완입니다〉, 〈아름다운 당신에게 김석훈입니다〉를 오가며 음악을 마신다. 또 손가락 까닥하기 싫거나 생활이 바쁘게 흘러갈 때면 〈신지혜의 영화음악〉, 〈12시에 만납시다 김필원입니다〉부터 배미향 쌤의 프로까지 자주 CBS를 듣곤 한다. 그러다가 FM93.1 자정의 재즈 프로와 〈한밤의 음악가게〉까지 라디오와 함께 동거한다. 이렇게 살다 보면 내 방이 커다란 라디오 같다는 기분이 들 때가 있다. 라디오 전세방이랄까. 라디오 집. 그렇지만 그 라디오에서 내 목소리가 나오지 않아 얼마나 다행인지 모른다, 후후. 이렇게 나는 라디오의 팝송과 재즈, 클래식에서 인생의 신비한 에너지를 얻고 있다.

누구보다 팝송에 열광하고, 팝송에 사로잡힌 채 내 인생도 흘러가고 흘러왔다. 필^{Feel}이 화악 오는 노래들은 귀 기울여 듣고, 리듬에 몸을 맡겼다. 그리고 여전히 팝송을 먹으며 커가고 있다.

팝송을 전혀 즐기지 않는 친구들에겐 낯설겠지만, 팝송은 영미뿐 아니라 전 세계의 보편적 문화다. 유럽 여행을 다닐 때에도 언제나 익

숙하게 들리는 음악이 팝송이었고, 이국땅에서도 팝송을 들으면 집에 있을 때처럼 마음이 편안해진다.

그리고 나는 팝송을 통해 세계의 문화 흐름과 시대감각을 읽는다. 들을 때마다 그 팝송이 내게 이렇게 말하는 것도 느낀다.

"산다는 건 별거 아냐. 까짓것, 슬픔도 외로움도 다 날려버려!"

레코드 컬렉션이 청소년들의 필수 취미이던 시절, 원판은 살 엄두조차 내지 못하고 빽판을 모으던 시절…… 나는 고1 때부터 빽판을 사서 들었다. 동네 판 가게에 가득 찬 빽판을 바라보며 그것을 갖고 싶어 군침을 흘리던 학창 시절, 어쩌다 간신히 구한 빽판은 기적을 만난 듯 희열감까지 맛보게 해주었다. 일단 빽판을 사면 재킷부터 한 번 쓰다듬고, 뒤집어서 뒷면을 찬찬히 읽은 뒤 해설지까지 통독했다. 그러고 몇 장 꽂혀 있지도 않은 컬렉션에 순서에 맞춰 꽂아놓고 보물처럼 바라보던 기쁨도 있었다. 그렇게 처음 산 빽판들이 바로 클리프 리처드, 아프로디테스 차일드, 비틀즈, 밥 딜런이었다. 관심 있던 친구들끼리는 서로 좋아하는 록그룹을 내세우기도 했다.

"딥 퍼플이 최고야."

"아니지, 레드 제플린이지."

"그래도 퀸이 최고야."

외제를 선망하던 때라 부자 친구보다 외국 팝송 가수를 여럿 알고 있는 친구에게 더 끌리는 때였다. 그런 팝송에 들뜬 열광에 전염되어

나도 팝송에 매혹되어갔다. 그때의 풍경과 매일 팝송을 들으며 슬프고 기쁜 감정에 푹 빠져 지낸 것이 함께 떠올라 옛날이 그리워진다.

'바로 내가 꿈꾸던 세상이야' 하는 작은 외침이 터져 나올 만큼 몹시 신선한 것이었다. 마리안느 페이스풀의 목소리와 클리프 리처드의 〈Visions〉를 처음 들었을 때의 느낌은 순정 만화 속 황홀감 바로 자체였다. 꿈을 실어 나르는 바람같이 오늘을 감미로운 축제로 만드는 느낌이랄까. 부드럽고 포근하게 감싸오는 그런 잔잔한 희열감 속에서 인생은 분명 다르게 다가왔다. 좀 더 두툼하고 매혹적인 순간들로 바뀌어갔다.

댄스 파티

내 어린 친구는 샤이니와 EXO를 좋아한다. 좋아하는 정도가 아니라 빠져 있다. 특히 EXO에 미쳐 있지 않나 싶을 정도다. EXO 사진을 파는 전문 매장이 입점한 백화점까지 달려가 내년 달력을 사 왔다. 그런데 나도 그만 〈으르렁〉을 부르는 EXO를 보고 사로잡히고 말았다. 그림 속에나 나올 법한 미소년들. 섹시한 눈짓과 춤, 매력적인 가사에 한없이 빨려 들어갔다. 하지만 여기까지다. 더 좋아하면 소녀들이 나를 미워할 것만 같다, 후후. 그렇게 EXO에 열광하는 내 어린 친구를 보며 나의 사춘기는 어땠는지 떠올려본다.

예전 내 윗세대 대학생들 사이에는 '고고 미팅'이라는 것도 있었다.

다방을 통째로 빌려 음악을 틀어놓고 '고고 춤'을 추며 단체로 미팅을 하는 것이었다. 불행하게도 나는 어려서 이 촌스럽고 따스한 미팅을 겪어보지는 못했다. 오래된 언니들이 들려주는 고고 미팅은 말만 들어도 그 장면이 내 머릿속에 선연히 떠오를 정도다. 얘기인즉 이렇다.

일단 고고 춤을 출 수 있는 빠른 노래 서너 곡이 흘러나온 다음 블루스 한 곡이 나온다. 그러면 수줍은 듯 머뭇머뭇 남녀가 마주서서 어설프게 블루스를 춘다. 블루스가 끝날 즈음 갑자기 사방에서 '타닥, 타다닥' 하는 고무줄로 살을 치는 소리와 함께 '아얏' 하는 작은 비명이 터져 나온다. 춤보다 장난에 더 정신이 팔린 장난기 많은 남학생들이 누군가의 신호에 맞춰 여학생들의 브래지어 끈을 잡아당겼다 튕기는 놀이였다. 일명 '파트너 브래지어 끈 튕기기'라고 한다.

지금 같으면 성추행의 경계선이 뚜렷해서 어려웠으리라 생각된다. 이야기만 들어도 웃음이 절로 나오는 장면이다. 서로에게 어색한 젊은 남녀들이 설레다 못해 울렁거리는 마음을 진정시키려고 딴짓으로 메우는 이 촌스러움이 어쩐지 귀엽기도 해서 꼭 구경이라도 해보고 싶다.

내 세대는 바늘이 닳고 닳아 이상한 소리가 날 때까지 빽판을 돌리고 또 돌리던 〈토요일 밤의 열기〉의 디스코 세대다. 존 트라볼타가 등장하면서 고고 춤은 갑작스럽게 추억 속으로 사라져갔다. EXO에 빠진 지금 청소년들이 있듯이, 장미여관의 〈봉숙이〉를 따라 부르는 내가 있듯이, 한 시대를 풍미했던 댄스 클럽·유로 댄스계의 명곡들을 30년이 지난 지금도 라디오에서 흘러나올 때마다 따라 부르는 사람들이 있다. 시대를 질러가는 노래들 속에서 삶이 울고 웃고 천천히 흘러간다.

헤매던 어느 4월

6년 넘게 일 중독자처럼 살던 시절이 있었다. 그렇지 않고선 생존할 수 없었다. 사랑, 남자, 다 접어두고, 펜과 책에만 내 삶을 기대어 살았다.

그런데 난데없이 봄을 타는 거였다. 격정에 시달린다는 건 아직 젊다는 증거라 반가웠지만 거추장스럽기도 했다.

벚꽃 훨훨 날리던 어느 날, 답장이 없거나 멀어진 사람들, 그리고 지인들의 주소를 그냥 멀찍이 두었다. 좀 더 젊은 날이었다면 다 삭제했을 거다. 하지만 나이를 먹는다는 건 누구든 잘되길 축복하고 격려하는 것이다. 살다가 연락이 오면 고맙고, 아니면 아닌 대로 서랍 속의 묵은 편지처럼 고요히 놔두는 지혜가 세월이 주는 보너스더라.

그런 후 조금은 친절한 사람들과 이야기를 나누고, 4월엔 주로 도서관에서 살곤 했다.

그러다가 나는 나를 위해 몸단장을 하고, 우아한 척, 헛헛하지 않은 척 동대문 시장을 헤매었다. 참으로 미친 듯이 시장을 돌았다.

헤매면서 나 자신을 토닥토닥 다루는 법도 터득했다.

그 헤맴이 있어, 그다음의 나를 단단히 맬 수 있었다.

조용히 홀로 헤매는 시간은 자신을 더 단단히 여미는 시간이다.

홀로 헤매던 장소도 지나 보면 나를 단단히 하는 축복의 장소다.

듀크 엘링턴, 재즈, 카뮈

눈이 올 듯 하늘이 흐리다. 올려다본 하늘엔 20대 후반에 열심히 읽던 카뮈가 어른거린다. 인간을 중독시키는 모든 불행과 고통을 줄이고 싶은 욕망에 몸이 떨릴 지경이라고 말했던 카뮈.

그의 글들을 살펴보면 인간성과 글이 일치되는 기쁨이 있다. 기대를 배반하지 않는 신뢰감 속에서 열광하며 카뮈를 읽던 젊은 날이 있었다.

그렇게 카뮈를 떠올리며 듀크 엘링턴의 음악을 듣는 지금, 꽤나 운치가 있다. 듣고 싶고, 사고 싶은 음반을 돈 없어 못 사는 우울을 라디오가 위로한다. 재즈계의 거장 듀크 엘링턴도 사람과 음악이 일치되는 기쁨을 준다. 음악도 음악이지만 무엇보다 듀크에게 마음에 드는 건, 그는 멤버를 해고하는 일이 결코 없었으며 음악에 경계나 제한도 두지 않았다는 것. 그는 재즈, 블루스, 팝, 영화 음악, 클래식 등 다양한 장르를 넘나들었다.

듀크 엘링턴의 후예들이 그에게 헌정하는 음악도 참 많다. 그중 다니엘 바렌보임이 시카고 심포니 오케스트라와 함께 연주한 〈엘링턴에게 바치는 헌사 Tribute to Ellington〉는 엘링턴의 분위기를 잘 살려냈다. 우디 앨런의 영화에도 흘렀던 이 가락은 소나기 후 무지개가 뜰 때처럼 황홀한 색채를 소리로 보여준다. 하늘나라 엘링턴은 다니엘 바렌보임에게 그 특유의 인간적인 미소를 지었으리라.

카뮈로 시작해서 엘링턴을 이야기하다 가만히 생각해보니, 두 분

얼굴 생김새가 닮아서 나는 그만 웃고 말았다. 물론 듀크 엘링턴처럼 귀엽게 웃고 있는 카뮈의 사진을 본 적은 없지만, 구릿빛 피부와 헤어스타일과 길쭉한 얼굴이 어딘가 닮았다.

어쨌든 스티비 원더의 최대 히트곡이기도 한 〈듀크Sir Duke〉도 있다. 스티비는 자신의 우상이자 재즈 피아니스트 듀크 엘링턴에게 이 곡을 헌정했다. 불후의 명곡들을 마저 듣다 보니 밤이 밤 같지 않다. 화려하고 신 나는 축제의 한낮 같다. 삶을 희열감에 들뜨게 만드는 거장들이야말로 삶을 축제로 만드는 마술사가 아닐까.

길 위에서 인생이 바뀐 체 게바라

세계인의 '마디바'^{만델라의 존칭으로 존경받는 어른이란 뜻}의 소천 소식이 있었다. 그는 지도자가 어떻게 세상을 바꿔가는지를 보여주었다. 그는 27년간 옥살이를 하고서도 자신을 탄압한 백인들을 용서하고 장관으로 임명해 진정한 인간애가 뭔지 보여주었다.

내게 최근 100년 동안의 대표적 위인을 묻는다면 넬슨 만델라와 체 게바라를 떠올릴 거 같다. 지금도 전 세계인들은 체 게바라를 사랑한다. 그래서 세계 어딜 가나 그의 사진이 걸려 있다. 쿠바 혁명을 성공으로 이끈 혁명가 체 게바라. 그에게 조금 더 가까이 가고 싶어 체 게바라의 30세를 로드 무비로 그린 〈모터싸이클 다이어리〉를 보았다.

"길 위에서 지낸 시간이 나의 인생을 송두리째 변화시켰다."

아르헨티나에서 대서양 연안을 따라 칠레까지 남미 전역을 여행하다 인생이 바뀐 체 게바라. 24살 그는 7개월간의 여행으로 세상은 편협한 지역주의에 빠져 불공평하고 불평등하다는 것을 통절하게 깨달았다. 체 게바라의 울적함과 새로운 세계에 대한 흥분이 내게 고스란히 전해졌다.

영화가 좋아, 그 지역을 여행한 똑같은 제목의 책을 사 보았다. 시인을 꿈꾸었던 만큼 시적인 문장과 진실하고 호소력 짙은 문체로 그가 직접 쓴 라틴 아메리카 여행기였다. 평범한 23살의 의대생이었던 그가 파란만장한 혁명가로 변한 과정과 자기 미래의 예언이 담겨 있었다. 체 게바라는 남미 민중들의 삶 속으로 돌이킬 수 없는 발걸음을 내딛었다. 그는 의사의 신분으로 일반 여행객이 가지 못하는 지역까지 가 아주 다양한 민중들을 만났는데, 그중 하나가 나환자촌이었다. 놀라운 사실은 그가 열흘가량 짧게 묵으면서 헌신적으로 의료 활동을 벌여, 나환자들의 뜨거운 환송연을 받았다. 그는 어머니에게 보내는 가슴 뭉클한 편지에 이를 '가장 아름다운 장면'이라고 전했다. 또 그는 자신의 아버지가 '진실에 대한 광적인 애정'을 가졌던 만큼 자신도 진실만을 중요시했다. 그는 참 멋졌다. 누구의 가슴에도 지워지지 않을 아름다운 사람, 체 게바라.

"우리 모두 리얼리스트가 되자. 그러나 가슴속에는 불가능한 꿈을 가지자."

체 게바라의 말대로 불가능을 가능함으로 바꿔가는 것이 인생 아니런가. 꿈을 향해 노력하면 그 꿈은 이루어지고 말리라.

새로운 발상에 흔쾌히 끌린다.
시대의 고뇌가 치열해도 끌린다.
파격적인 스타일과 사랑이 답이라는 내용엔 여지없이 끌린다.

나를 왕팬으로 만든 전지현과 왕팬으로 만든 드라마

　책이 나오면 홍보를 위해 영업 사원처럼 뛰어야 한다. 텔레비전 녹화를 마치고 나면 내가 어떻게 비칠까 방송 때 보곤 했다. 하지만 그 프로그램 작가들이 보내준 녹화 CD를 다시 본 적은 거의 없다. 왠지 지나간 내 모습을 본다는 게 두려웠다. 지금의 나는 낡았는데, 젊던 내 모습을 보면 가슴이 아플 거 같아 소장만 하고 있다.

　그래서 변함없이 젊고 매력적인 사람을 바라보는 게 기분 좋다. 나는 내가 좋아하는 스타가 나온 드라마를 보는 걸 좋아한다. 특히 어떤 옷을 입어도 예쁜 전지현. 풋풋한 채소밭을 보는 듯 싱그럽다. 그녀의 머리칼이 찰랑거릴 때 부서지는 햇살도 눈이 부시다. 결혼해서 더 예쁘고 그레이스해진 그녀를 보면 기쁘다. 조용히 커피 잔을 들고 있거나 파격적인 모습도 좋다.

　나는 기존 것이 아닌 새로운 발상에 흔쾌히 끌린다. 그래서 영화 〈엽기적인 그녀〉에서 파격적인 여성상을 최고로 잘 표현한 전지현에 반해 지금껏 왕팬이다. 지난 겨울 밤, 김수현도 매력 넘치고, 스토리는 흥미롭고, 전지현의 사랑스런 연기가 즐거워 〈별에서 온 그대〉를 보고 또 보고 밤을 지새기도 했다.

　이렇게 나를 왕팬으로 만든 배우가 있듯이 왕팬으로 만든 드라마도 있다. 그 시대의 고뇌가 치열하게 녹아 있고, 사람은 누구나 하늘이라는 동학사상을 떠올리게 하는 드라마, 내 마음속 최고의 드라마는 〈추노〉였다. 조연 급 연기자들까지 연기도 좋다. 성동일의 연기도 좋고, 환쟁이 아저씨 연기는 감칠 났고, 나머지도 모두. 오지호는 매력 있고, 이다혜의 고요한 연기도 눈요기가 된다. 장혁의 연기는 가슴에 사무쳤다. 장혁이 울 때 나도 울었다.

칼과 피 냄새만 없지 생존을 위한 계층의 투쟁은 현대 사회에서도 당연히 존재한다. 이 시대도 80% 무산 계급의 조용한 무혈 혁명과 진보가 필요하며 참으로 그리 되어야 한다는 생각이다. 진정한 분배와 나눔이 있어야 한다. 그것은 신앙적인 마인드가 있어야 적극적으로 바꿀 수 있다고 생각한다.

이 글을 쓰는 동안 식구들은 〈K팝스타〉를 시청하고 있다. 나도 밥상에 원고를 놓고 타이핑을 하면서 눈물이 절로 나올 정도로 감동받고, 유쾌해졌다. 심사위원의 안목에 감탄하면서 노래와 시와 사진의 최고 지점의 희열감은 같다는 생각도 했다. 텔레비전도 골라 보면 이렇게 행복하다. 나는 그만 텔레비전에 사로잡혀버리고 만다. 마침, 내 어린 친구가 나를 부른다.

"엄마, 전지현 천사다."

전지현이 광고에 나오고 있었다. 그래 천사처럼 예쁘구나, 하고 핸드폰으로 한 장 찍어 담았다.

여전사 마돈나, 레이디 가가에 끌리다

"난 남자들이 예쁜 옷처럼 끌려요. 항상 입어보고 싶죠."

영화 〈걸 온 더 브릿지〉에서 여주인공 역인 바네사 빠라디가 한 말이다. 가슴속에 한 마리 뱀처럼 꿈틀대는 욕망은 다 똑같은데, 수많은 세월 동안 남자의 욕망은 당연하고, 여자의 욕망은 불결하거나 불경한 것으로 취급당했다. 내 20대도 예외는 아니었다. 그러나 지금은 처녀성을 지켰느냐를 따지는 이가 있다면 아주 우스운 사람으로 취급당할 것이다.

마돈나의 〈처녀처럼Like a Virgin〉은 당당한 노랫말이 선율보다 더 통쾌하다. 사랑하는 이에게 처녀처럼 다가간다는 말이 참 시원하고 멋졌다. 얼마 전에는 나이의 한계를 지운 마돈나에 대한 멋진 뉴스가 있었다. 그녀는 '섹시한 기수'라는 콘셉트로 다소 파격적인 전라의 뒷모습을 공개해 천하를 놀라게 했다. 50세라는 나이가 무색할 만큼의 근육질 몸매는 철저한 자기 관리로 이루어진 것. 마돈나의 창조적인 열정과 노력은 많은 이들에게 용기와 감동을 주었을 것이다. 마음속에 자리 잡은 은밀한 꽃 한 송이를 피워내듯이 말이다.

마돈나에 대한 다큐멘터리 〈진실 혹은 대담〉을 언젠가 본 적이 있는데, 정면으로 대응하며 사는 적극적인 삶의 방식이 무척 인상적이었다. 아주 오래전 은색 양철을 겉표지로 두른 그녀의 누드집을 보고 그녀에게 더욱 감탄한 적도 있었다. 시대를 정확히 읽어내고, 자신을 당당하게 포장할 줄 아는 그녀가 명석하고 걸출한 여장부로 그려졌다.

지금 이 시대의 여장부이며 최고의 여전사이자 그레이트한 아티스트는 단연 레이디 가가다. 그리고 죽은 에이미 와인하우스의 노래도 들으면 사무칠 때가 있고, 최근 싱어송라이터 로드의 노래 〈Royals〉의 가사도 마음을 잡아당긴다.

우린 결코 왕족 따위는 되지 않을 거야. 그게 우리 피에 흐르지도 않고, 그런 사치는 우리에게 맞지 않아. 우린 다른 종류의 즐거움을 원해.

그래, 저마다 자신에게 어울리는 즐거움이 있다. 자신에게 어울리는 장소가 있듯이, 나이를 먹어갈수록 좋아지는 시가 있듯이. 지금 나는 세월 갈수록 좋은 김소월, 백석 시를 읽고 클래식, 재즈, 팝송과 가요를 넘나든다. 오늘은 장미여관의 음악을 틀고 일한다.

빼빼로데이는 농민의 날

"빼빼로데이가 어떤 날인지 아세요? 바로 농민의 날이래요."

화려한 빼빼로에 가려 묵묵히 일하는 농민들이 잊혀졌다. 나도 페이스북의 페친이 북소리처럼 가슴을 울리는 말을 해주셔서 알았다. 사회에서 무엇을 비판해야 하고, 무엇을 용인해야 하는지 말해야 할 작가의 의무가 마음에 계속 걸렸다.

농민의 날이 빼빼로데이에 가려지니 농민들을 위로하고 위대한 노동을 기리는 날을 다른 날로 바꿨으면 좋겠다. 이에 대한 내 글을 보고 박맹순 페친은 농부의 아내로서 눈물 나게 고맙다며 왠지 송구하고 숙연한 글을 주셨다.

"하필 올해 고추 농사지어 한여름 내내 땡볕에 모자 쓰고 땀 빼며 고추를 따서 햇볕에 고이 말려 쌔 빠지게 지은 그 물건이 값이 너무 헐해서 다 못 팔고 남았으니 우찌할까 고민 중입니다."

박맹순 님의 딸인 듯한 박영금 님의 글도 모두 가슴 깊게 생각할 대목을 남기셨다.

"사람들은 좋은 옷과 명품은 값이 비쌀수록 더 가치 있게 생각하고 스스럼없이 막 사면서 유독 농산물 값이 조금만 오르면 난리들을 칩니다. 올해 시골 엄마가 지으신 고추 따는 일을 도왔죠. 세상에서 가장 힘든 일이 고추 농사처럼 느껴졌어요. 최소한 엄마께서 보내주시는, 아니 모든 음식을 맛있게 먹어야겠다는 생각을 했습니다."

그저 사 먹을 뿐, 먹거리를 키우는 농민들 입장은 생각지 못하는 사람들이 보면 반성으로 가슴 울릴 말씀이셨다. 나는 농부가 위대한 대지의 아티스트이고, 농사는 환경 재앙을 막는 최우선 기간산업이라 보기에 빼빼로데이와 농부의 날은 꼭 나눠야 한다고 생각한다. 정부나 정치인들도 빼빼로데이와 농민의 날이 같은 날인 줄 모를 텐데 얼른 각성, 수정해주셨으면 기쁘겠다.

시라도 읽으면 자본주의의 속도에 휩쓸려 살지는 않을 텐데……. 그런 안타까움 속에 얼마 전 제주도에서 열린 추사 김정희 문화제에서 각설이 타령에 덩실덩실 춤추던 아낙네들을 떠올렸다. 내 감수성도 덩달아 춤추던 시간을.

만화에 빠져버렸어

몹시 힘든 시절이었다. 애를 낳고 그토록 힘들 수가 없었다. 이혼하느냐 마느냐 고민하고, 우리 엄마는 골병들어 아프고 빚더미는 무섭게 늘어갔다. 집안 식구들의 슬픔, 죽고 싶을 만치 슬픈 일들이 계속 터졌다. 책을 읽고 싶어도 눈에 들어오지 않았다. 아기가 잠에서 깨어나면 놀아줘야 했고, 뭔가를 하려면 아기를 업고 움직여야 했다.

등 뒤에 애를 업고 재우면서 뭐라도 해야 했다. 책을 보고 싶은데, 만화를 보게 되었다. 만화의 예쁜 그림 속에서 현실의 삭막한 일들을 지워가고 싶었나 보다. 현실의 고통을 지우고 나만의 맑은 감성을 지키고 싶었는지 모른다.

남의 얘기일 수 있고, 내 얘기일 수 있고, 시마다 나름의 사연을 갖고 있다. 그래서 쓰게 된 시도「순정 만화에 중독되겠네」였다.

메리엔 페이스풀 목소리같이 감미로운 순정 만화를 읽다 보면 창이 없어도 창이 보이고, 술 안 마셔도 취할 수도 있고, 허, 좋네.

〈캥거루를 위하여〉, 〈세상에서 가장 아름다운 음악〉을 번갈아 보면 바다풀처럼 부드럽게 흔들리는 그림의 곡선. 사뿐사뿐 뛰는 고양이 발자국 같은 대화, 사탕처럼 달콤한 말들. 허, 시계추처럼 마음이 흔들리는군.

만화는 단추만한 구멍을 뚫어 여유로운 바람을 불어넣는군. '내가 좋아하는 건 너뿐'이란 말에 사랑 받는 기분에 휩싸여 오전 열한 시에 쏟아지는 햇살같이 따뜻하고, 창밖 행인들이 아름다워 뵈는군. 시냇물엔 하얀 벚꽃잎이 쌓여 흐르고 봄바람에 보들보들 길이 미끄러지는군.

관 계 의
레 시 피

Part 5

묶여 있어야 자유로워

곧 빨간 가을 다 떨어지겠지. 떨어지는 빨간 단풍잎과 노란 은행잎을 바라보며 30분이라도 머무르며 두런두런 생각 중이다.

오늘날 현대인들의 조급한 움직임과 막연한 불안감과 두려움은 내게도 있다. 나는 무조건 여기서 벗어나 평화롭게 흘러가기 위해 여행을 다니며 시간의 향기를 듬뿍 맛본다.

사람들은 특히 SNS를 통해 이 사건에서 저 사건, 이 정보에서 저 정보로, 이 이미지에서 저 이미지로 서핑하듯 성급히 오가며 불안해한다. 이렇게 조급하고 안절부절못하는 우리가 제대로 머물려면 어찌해야 할까, 질문을 던져본다.

내가 생각하기에 머무른다는 건 더욱 자유롭고자 하는 욕망이기도 하다. 사람은 언제나 자유롭고 싶고, 자유롭기 위해 날려는 욕망으로 비행기를 만들지 않았는가. 새처럼 자유롭다는 것은 단순히 갇히지 않은 상태나 의무나 책임지지 않는 것을 말하지 않는다. 새가 하늘에 속해 있고 나무에 속해 있을 때 비로소 안전하듯이 사람들도 따스한 우정과 애정 속에서 자유로움과 안정감을 느낀다.

묶여 있어야 안정된 존재가 바로 우리다. 에리히 프롬의 『자유로부터의 도피』도 비슷한 얘기일 것 같다. 사람들은 본디 친구나 연인이 없으면 안 되는 존재인 것. 친구나 연인과 떨어진 상태에선 공포와 불안을 느낄 수밖에 없다. 사람만이 그런 게 아니다. 동물도 식물도 모든 존재는 함께 있을 때 따스하다. 화초들도 함께 있어야 잘 큰다. 누구나 함께 있을 때 안정감을 가진다. 그래서 적어도 사려 깊은 사람이라면 혼자 살라는 개소리는 하지 않아야 한다.

아주 멀어지기 전에
1년이 지나기 전에
누구든 먼저 연락해야,
회복력이 끈끈한 본드처럼 단단해지리.

가장 가까웠던 사이, 가장 먼 사이가 되나

휴일이다 몸은 노곤하고 불에 구운 노가리처럼 나른할 때 듣기 좋은 노래 〈Every Breath You Take〉가 라디오 〈FM POPS 한동준입니다〉에서 흘러나왔다. 그때 나는 누워서 이 노래를 듣다가 발로 책장을 치게 되었다. 그러다 툭 떨어진 대학 때 노트. 일어나 펼쳐 보다 그만 시선이 꽂힌 구절.

"가장 가까웠던 사람이 가장 먼 사이가 된다."

25세 때 내 메모였다. 요즘 내게도 그런 경우가 있어봤고, 누구라도 가장 가까운 사람이 가장 먼 사이가 된 경험이 있을 것이다. 연애가 그렇고, 우정에서도 그냥 연락이 끊겨 다시 하기가 멋쩍어 내버려두면 관계는 멀어진다. 그쪽이나 나나 어느새 새로 친해진 사람들이 곁에 생긴다.

멀어졌다 가까워지려면 1년을 넘기면 안 된단 생각이 든다. 그만큼 텀이 길면 회복이 힘들다. 먼저 서서히 잊혀지기 때문이다. 그리고 트러블이 생겼을 때, 가까워지고 싶을 때 상대가 답을 안 주면 100% 끊긴다. 그만큼 회복력이 점점 떨어진다.

상대가 콧대 높은 자세를 가져서 그냥 접은 우정이 내게도 있다. 그냥 답이 없으면 콧대 높아 교만하구나 하고 여기게 된다. 그래서 나는 깜빡하지 않는 한 꼭 답을 주는 편이다.

나이 먹으면서 느끼는 관계의 지도는 거의 이렇더라. 성향과 상황이 비슷해져서 가장 먼 사이였다가 다시 친해질 수 있다. 이 경우는 드물지만 그러기 위해서 순수한 노력이 필수다. 진심으로 기도하며 오는 사람에게 아무 일 없던 듯이 오픈하고 친절하게 대해야 하리.

  멀어진 기간이 길수록 포기에 가까워지고, 상대가 어려울 때 함께 하지 않으면 끝이다. 어려운 점을 얘기해야 친해질 텐데 안 해도 도버 해협처럼 그 사이가 멀어진다. 아주 멀어지기 전에 누구든 먼저 연락을 해야 회복력이 끈끈한 본드처럼 단단해질 수 있다. 그런데 도버 해협이 어디 있다는 거지? 아, 내 손에 달렸구나.

오랜만의 만남, 앞과 뒤

아주 오래전 친구들에게 연락이 올 때. 만나자는 기쁜 소식에도 망설이고 뒷걸음칠 때가 있다. 어느 한때 상처의 경험은 또 다른 망설임과 두려움을 키운다. 그럴 때 만나 서로 이질감을 느껴 다시 연락 안 하게 되기도 한다.

옛 시절에는 친했다 멀어졌다 해도 끈끈하게 인연을 이어갔다. 하지만 요즘에는 누구나 부딪치는 것 자체를 번거롭고 힘들게 여기는 것 같다. 혹시나 상대가 싫은 말을 하면 내색은 않지만, 포기하고 안 보려는 심리가 있다. 물론 여기서 싫은 말을 해도 단둘이 진심 어린 애정을 가지고 따스하게 말했다면 또 다르다.

이런 심리를 헤아리다가, 뭐 이리 복잡하게 생각해, 하고 스스로를 나무란다. 그냥 만나 웃으면 되지 뭐, 하는 마음도 생기고, 작가라는 소셜 포지션을 떠나 익명의 존재로서 나를 감추고 싶은 심리도 있다. 이 얘기를 페이스북에서 했더니 귀한 댓글들 중에 마음에 와닿는 내용이 있어 혼자 보기 아까워 여기에 풀어본다. 생생하고 소중한 현장감이 느껴지는 페북 인연 네 분의 귀한 얘기들이다.

김필구 저 또한 사람들에게 받는 상처, 그리고 친구들에게 받은 상처와 아픔에 사람을 알고 지내는 것이 종종 힘듭니다. 저 사람은 날 이용하려 만나는 것일까? 아니면 진짜 순수함일까? 하는 고민을 하게 되는 계기도 이런 것이겠지요.

김경애 그가 다가오는 만큼만 반응하게 됩니다. 그런데 왠지 모르게 마음엔 걸리지요.

권정일 사람의 마음이란 참을 수 없는 가벼움으로 만들어져서 살짝만 건드려도 금이 가는 거죠. 조선 시대에도 인심은 다르지 않았어요. 그만큼 서로를 이해하는 것, 상대에게 이해시키기는 것이 내 마음 같지 않아서 힘든 게 아닐까요.

Lydia Jeong 아무리 좋고 편안한 관계도 유지하려는 노력이 없으면, 공유하는 것이 점점 적어지니 상대에 대한 이해가 부족하게 되고…… 만나서도 주파수 안 맞는 말들만 오고 갑니다. 상대도 거의 내 맘처럼 느낄 확률이 높더라고요! 관계도 선택이지만 용기를 냈을 때 회복 확률이 높긴 해요.

댓글에 공감하여 가슴이 후련해질 때가 많아서 페이스북을 못 떠나는 거 같다. 그리고 공통의 고민과 문제를 나누는 데 페이스북만 한 공간도 없다. 오래된 인연의 해후도 페이스북 같은 SNS에서 먼저 하고 따로 메시지를 나누면서 이어가는 것도 좋은 방법일 듯하다.

나랑 멀어진 사람을 생각하면,
'그는 나를 싫어하나 보다'라고 혼자 생각할 때가 더러 있었다.
싫어한다고 생각하면 근처에도 안 간다.
하지만 그런 생각은 오해일 확률이 크다.

왜 관계가 쉽게 흐물흐물해지고 끊어질까요

자존심은 세지고, 자신감은 살얼음처럼 얇아지고, 나약해졌다. 심한 상처도 하나쯤은 앓아봤다. 저 사람이 나를 싫어한다는 오해와 막연한 생각이 관계를 더 쉽게 끊어지게 하는 건 아닐까.

저마다 애정의 나무를 키우기엔 너무 조급한 건 아닐까, 여유 없이 달리기만 하는 건 아닐까. 미안하다, 고맙다는 말을 아끼지 않는다면 금세 풀 수 있는 문제도 허다하다.

나랑 멀어진 사람을 생각하면, '그는 나를 싫어하나 보다'라고 혼자 생각할 때가 더러 있었다. 싫어한다고 생각하면 근처에도 안간다. 하지만 그런 생각은 오해일 확률이 크다.

위 내용을 페이스북에 올렸더니, 순식간에 조회수가 500명에 달했다. 그만큼 많은 사람들이 똑같은 병을 앓는다는 얘기일 것이다. 사랑스런 페친의 댓글로도 모두가 앓는 시대의 병을 느낄 수 있었다.

저 같은 경우는 방어적 대인기피증에 피해망상과 허무주의. 밖에는 거의 안 나갑니다. 일 외에는……. 빨리 회복되어야 하는데~^^

또 다른 페친의 말은 문제 해결 방법을 보여주기도 했다.

저라면 먼저 손 내밀고 떠나려고 하면 그 손 잡을 거 같은데요. 상처……. 가을날 떨어지는 낙엽만큼 흔하지 않던가요. 들어주는 이들이

지루할 만큼. 자존심 또한 겨울날 얇은 외투 같고요.

이 사랑스런 페친에게 이렇게 댓글을 남겼다.

멋진 마음이세요. 상처, 낙엽만큼 많으니 대범하게 넘겨야 성장하겠죠. 고마워요~ 하지만 많은 이들이 임 쌤이 아니니까 문제죠.

위 임의석 페친은 멋진 아포리즘을 남기셨다.

말하면 사연일 거고 가슴에 두면 아픔이겠지요.

내 페친들 댓글을 보면 나는 가끔 놀랄 때가 있고, 함께 나누는 소통이 값지다는 생각에 깊은 고마움을 느낀다.

아무튼 모두 대범해져야 사는 일이 덜 고달프다. 관계가 많이 깨지면서 외로이 홀로 헤매거나 마음의 문을 닫은 사람들이 점점 늘어날지 모른다. 강남 역삼역 주변은 홀로 사는 사람들이 50%를 차지한다니, 이 소식에서도 느껴진다. 함께 있어 부딪치고 고민하며 사느니 혼자 사는 게 속 편해서일 게다. 그러면서도 우리는 사람들과의 공유와 공감을 그리워한다.

세게 찔러도 피도 안 날 만큼 나약한 이들에게 순수한 사랑의 주사

액이 필요하다.

  나는 일로 만난 사이라도 따스한 숨결을 주고받도록 헤어질 땐 허그를 한다. 이렇게 허그를 하면 애정이 1g이라도 더 생길 테고, 격려와 응원의 뜻이므로 상대는 힘을 얻고 나도 기쁠 것이다.

  허그의 비밀스런 의미에 대해 소설가 존 맥스웰 쿠체는 "당신이 죽지 않고 내 속에서 계속 살아 있기에 슬퍼해서는 안 된다"고 했다. 물론 소설 속의 당신은 엄마였지만 모두에게 해당되는 말이다. 나도 허그를 하면서 이렇게 말하고 싶다.

  "너는 내 속에 있어. 걱정 마. 또 만날 때까지 힘내서 잘 지내야 해. 알았지?"

친절한 페북씨

'친절함' 하면 페이스북이 생각난다. 페친들은 친절하다. 자신의 이야기를 어떻게 이렇게나 세세히 올려놓을 수 있을까 싶을 만치 친절하고 사랑스럽다. 매일은 못 들러도 가끔 오가면서 '좋아요'를 누르며 응원해준다. 물론 나를 응원하고 지지하는 분들이 있어, 나 또한 가슴 뭉클할 때가 많다. 똑같은 시간대에 인생을 똑같이 앓는 동병상련을 느끼곤 한다.

페북은 개인 페친이 5천을 넘으면 팬 개념의 페이지로 바꾸거나, 팔로워로 남게 하거나 두 가지 중 하나를 선택할 수 있다. 나는 페이지로 바꾼 후 운명적으로 개인 프로필 하나를 더 만들어 꾸리게 되었다. 막상 이렇게 되어보니 되돌릴 수 없는 사랑처럼 돌아갈 수 없어, 심플리스트인 내게 어울리지 않게 복잡해졌다. 마치 애인이 둘 있는 것처럼 혼란스럽고 두 곳을 오가며 안절부절못하다가 1년이 다 되어가서야 운명을 받아들였다. 그러면서 또 혼란스러워할 내 자신이 보이지만 블로그와 팬 카페에 내 소식을 꾸준히 올려 소통할 것이다.

그런데 페이스북을 하다 보면 '페친 정리'란 말이 가끔 보인다. '바겐세일'이란 말이 아니라 다행이지만, 뭔가 아쉽다.

나는 '페친 정리'란 말을 좋아하지 않는다. 일로 알았든 그냥 지인이든 핸드폰에 저장된 600명가량의 전화번호도 그냥 내버려둔다. 특별한 경우를 빼면 그렇다. 요즘은 누가 자기 연락처를 삭제하면 다 느끼게 되어 있다. 내가 삭제하는 것을 상대가 알면 잠시라도 아플 것이다.

사람을 정리한다, 자른다, 찬다는 말이 참 비인간적이라 느껴진다. 이런 말이 생명 경시와도 이어져 세상을 삭막하게 만드는 건 아닐까. 나는 그렇다고 본다. 그 사람을 지웠다가도 하루 이틀 지나 다시 입력하기를 바란다. 그냥 너그럽게, 친절하게…… 그게 살면서 주는 최선의 사랑일 수 있다는 생각이 든다. 수건처럼, 목도리처럼 친절하게…….

그럼에도 불구하고,

사랑은 그럼에도 불구하고, 다.
관계의 정도 마찬가지다. 담요처럼 부드럽고 따스한 헤아림.
붉은 노을처럼 어떤 독한 것도 녹여내는 아름다운 손길이다.
진정한 인생이란 자신도 상처 주지 않고 상처받지 않으려는 마음,
그 이상이라는 것.
자기 보호만이 아니라는 것.

연민과 긍휼의 마음이 너무나 절실한 시대.
긍휼은 그 사람의 상황 속으로 들어가 함께하는 마음.
연민은 불쌍히 여기는 마음.
이런 마음만이 세상의 불행을 줄일 수 있으리.
작은 서운함이나, 오해 같은 건 그냥 담대하게 넘겨버리자.
연락이 끊겼어도 무슨 일이 있겠거니,
언젠가는 만나겠거니 여기는 털털한 마음으로
잘되길 비는 순정한 마음이 생을 좀 더 가볍고 따스하게 하겠지.
그것이 실천으로 갈 때, 따스한 정과 물질을 나눌 때
그 속에 진정한 진보가 있고,
빛나는 내일이 있음을, 힘들지만 노력하는 일밖에 없지.
사랑하기 위해 태어난
우리는 감동과 희망. 정과 사랑으로 살아간다.

지금의 친구가 가장 귀한 친구

어제는 커피빈 옆 슈퍼서 혼자 캔 맥주 하나를 따며 비 내리는 풍경을 감상했다.
오늘도 여전히 비가 내린다.
비 내리는 풍경은 어디서나 운치가 있다.
문득 퐁피두 미술관에서 바라본 그윽한 파리 풍경이 오버랩된다.
미술관 위로 곱게 술이 쏟아지는 것만 같았다.
그날은 흥이 나서 막 돌아다니고 싶었는데
오늘은 가만히 캔 맥주 한잔 마셔야겠다.
딱 한 잔만……. 그런 후 또 일할 것이다.
행복해지려면 자신부터 통제와 절제 속에서 살아야겠지.
그 누구도 남을 구원할 수 없다. 다들 구원을 원하기 때문이다.
스스로 균형이 잡힌 사람들만이 흡족하고 안정적인 관계를 이뤄간다.
스스로 앞가림을 잘해야 충만한 관계를 누릴 수 있다.
그래서 늘 밝게 행동하고 유머를 찾기.
공통된 관심사가 많지 않아도 남의 말에 귀 기울이고 약속은 꼭 지키기.
상대가 필요로 할 때 서슴없이 행하기.
꼭 비싼 옷이 아니라도 자기만의 스타일을 개발하기. 말을 예쁘게 하기.

나름 매력 있고 꼭 필요한 친구가 되면 사람들이 모여들리라.
시간이 갈수록 인간적이고 순수한 새 친구가 생기기는 쉽지 않다.
지금 외롭다면 오래전 친구를 찾아보기.
그래도 밥과 차 한 번이라도 나눈 친구가 가까운 것이다.
변치 않는 지금의 친구가 가장 귀한 친구다.
인생은 친구들로 더 깊고 다채로워진다.
이것이 진실로 흥미로운 삶이다.

인생은 깊이가 중요해. 쓴맛도 보아야 생은 깊어지지

    초등학생 내 어린 친구가 담임 선생님 추천으로 전교회장 선거에 출마해 떨어졌다. 내 어린 친구를 지켜보며, 역시 예감대로 심오해지고 있음에 나는 반가웠다. 좌절의 쓴맛을 딛고 서면 생을 더 탐구할 내공이 쌓인단 점에서 속으로 축하를 하였다.

    낙방은 인생을 깊이 있게 이끈다. 중요한 건 인생의 깊이다. 나는 내 자식이 인생의 쓴맛도 맛보며 살기를 바란다. 그래야 남과 주변을 돌아보며 진정 어려운 이웃의 심정을 헤아릴 수 있기에. 그리고 아주 큰 세상도 볼 수 있다. 수많은 자살자들의 실수는 바로 죽고 싶을 때가 더 강하게 살아야 할 때임을 잊었다는 점이다. 차라리 장기 기증이라도 하고 죽으면 조금이라도 뜻깊을 텐데, 라고 말하면 자살을 꿈꾸는 이들이 아프겠지. 아무튼 자살은 실수라는 사실. 조금이라도 이기적인 자신에게서 벗어나 주변을 돌아보거나 대자연의 위대한 사랑의 힘을 느끼고 그런 쓸데없는 생각에서 벗어나길 바란다.

    내 첫 시집 『지루한 세상에 불타는 구두를 던져라』 중에 「아름다운 세상을 향한 창문」이 있다. 책만 잡으면 잠자던 여고생에서 책벌레 작가로 성장한 내가 학생들에게 바치는 이 시를 읊으며, 해가 뜨는 창을 바라보았다.

    우리는 탐구하지 않을 때 시간을 잃어버린다
    밭갈고 씨뿌리는 농부의 손길을 배우지 않을 때

내안에 깊이 생각하는 얼굴이 없을 때
시간을 잃어버린다
우리가 저 강물 저 나무그늘에게 고마워할 때
세월의 무덤에 환환 창문을 보리라
더 이상 시간을 놓치진 않으리라
강렬한 오늘을 살기 위해 나는 사랑하련다
내 가족과 벗들을 겨울이 오는 도시를
내게 주어진 상황과 고달픔을
서럽게 죽고 사는 모든 것을 안으련다

네가 좋아지고 있어

얼마 전에 아끼는 귀걸이를 잃고서 더없이 마음이 아리고 쓰렸다. 정이 많아서든, 미련해서든 잃는다는 건 가슴에 잠시 구멍이 나는 일이다. 그런데 후배랑 만나 식사를 하는데 그녀가 아주 작은 분홍색 복주머니를 내미는 것이다. 뭘까 싶어 열어보니 잃어버린 것과 똑같은 귀걸이였다.

"금은 아니지만 달아봐요."

후배의 눈만큼이나 반짝이는 귀걸이. 누군가에게 원하던 선물을 받는다는 게 이리도 기분 좋은지 몰랐다. 나 스스로 친구에게 귀한 존재라는 기분이 들어, 뻥 뚫린 구멍이 아주 향기로운 꽃으로 메워져갔다. 물건 하나가 그냥 돈 주고 산 물체가 아닌 것이다. 함께한 세월이 담겨 있고, 무엇보다 정들인 마음이 담겨 있어, 그건 살아 있는 생명체였다. 잃었던 물건을 되찾으니 아낌없이 저물어가는 서녘 하늘만큼이나 삶이 아름다웠다.

아무리 생각해도, 세월이 흘러 고이고이 간직되는 건 순수하고 아름다운 기억뿐이다. 순수하게 주고받은 사랑만이 가슴에 간직되더라. 그래서 이렇게 당부했다. 내 책 『만나라, 사랑할 시간이 없다』에서 인생의 후배들에게, 함께 숨 쉬고 이 시대를 살아가는 모든 이에게…….

사랑을 하더라도 순수한 마음으로 하라. 줄 때는 아낌없이 주어라. 착한 말, 착한 미소, 착한 꽃 한 송이라도 준 사람은 잊지 못한다. 그래서 사소한 일상을 함께 많이 나누고 예쁜 추억 많이 쌓아두어라. 그 추억이 서로를 끈끈하게 묶어가리라. 두려워 말고 사랑을 주어라. 일만 하지 말고 사랑을 해라, 우리의 인생은 금세 사라지니. 만나라. 주저없이 가장 아름다운 순간들을 만나 감동과 희열의 꽃을 피워보라. 지루한 인생을 바꿔보라. 비판과 비난보다 먼저 축복하고 격려하는 따뜻한 사람이 되라.

기왕이면, '네가 좋아지고 있어'라는 말도 함께 전하면 어떨까.

많은 현대인들이 소외감 속에서 살아간다. 우울증 때문에 자살하는 이들도 점점 늘어간다. 관계 속에서 진정성의 결핍을 통렬하게 느낄 때가 많다. 그 원인은 한마디로 '사랑의 결핍'이다. 모두 사랑받기를 원한다. 하지만 주기보다는 받으려는 생각이 많기에 싱글들이 많아지고 숱한 커플들이 불화를 일으키는 것은 아닐까.

여행과
믿음으로
모든게
좋아졌어

Part 6

딥키스를 하는 거 같아요

리스본은 아직 겨울인데, 봄 향기가 물씬 풍겼다. 봄빛이 바람에 실려 다니는 게 눈에 보였다. 마음이 느긋해져 몸이 풀풀 날아다니는 먼지 같았다. 리스본에 가면 시가전차를 타고 도시를 돌아보는 재미를 누리라 한다. 일곱 언덕의 도시라고도 불리는 리스본에는 언덕길이 많았다.

나는 가장 오래된 지역인 알파마에서 내려 걸었다. 그때 나는 EBS 〈세계테마기행〉 출연자로서 그곳에 갔는데, 피디가 참 괜찮은 사람이라 원하는 대로, 흘러가는 대로 가게 해주어서 편히 걸었다. 수차례의 지진으로 옛 모습은 잃었으나 중세 리스본의 모습이 가장 많이 남아 있는 알파마. 그곳을 천천히 돌아보며 어떤 서글픔에 가슴이 흔들리는 걸 느꼈다. 그들의 애환과 그들 전통의 '사우다드[Saudade] 정서'를 깊이 이해할 수 있다. 그곳에서 아말리아 로드리게스 기념관, 굴벤키안 미술관도 찾았다.

그리고 1837년 개업한 유서 깊은 나타전문점 '파스테이스 데 벨렝'에서 나타를 먹어봐야 포르투갈을 비로소 이해한다. 우리 동네에도 포르투갈식 나타와 에그타르트가 있지만 말이다. 리스본에서 먹는 나타는 그 어느 빵집과 비교할 수 없을 만치 맛있다. 당시 촬영을 위해 나타를 만드는 과정 등 모든 걸 보여주던 지배인은 여러 종류의 나타를 접시에 내어 왔다. 나는 부드럽고 바삭하니 달콤한 나타를 음미했다.

"빵의 겉은 마른 장미 꽃잎 같아 달콤하고, 걸쭉한 안쪽을 먹는 건 마치 딥키스를 하는 기분이에요."

나의 느낌을 그 오래된 제과점 총지배인에게 전하자 그 지배인은 비유가 적확하다며 나를 끌어안고 기뻐했다. 자신들이 자신 있게 내놓은 전통 깊은 빵을 알아주니 몹시 반가웠나 보다.

막 겨울이 지나고 봄이 올 무렵이라 바람까지 딥키스를 하는 맛이었다. 오래도록 잊히지 않는 그 맛이 지금껏 포르투갈의 느낌으로 남아 있다. 어딜 가나 신심 깊은 포르투갈인들의 젠틀한 분위기는 나타처럼 감미롭다.

메모하는 습관

내 어린 친구는 수첩을 꺼내 그림을 그린다. 여행지마다 내가 가르쳐주지 않아도 수첩과 펜을 가지고 다닌다. 이건 한 주에 서너 번은 꼭 일기를 쓰는 습관에서 생겼다. 자신의 느낌과 생각을 정리할 수 있게 일기 쓰기를 관리하는 것만큼은 확실히 했다.

미국 정치가인 벤저민 프랭클린은 자신과 시간 관리에 철저해, 전 세계인들의 시간 관리자의 상징이 되었다. 톨스토이를 만든 위대한 습관도 일기였다. 가족들에게까지 전염시킨 그의 일기 쓰기. 그 기록은 인격을 완성한 참회록이자 영혼의 울림을 담은 고백으로 남아 있다. 우유부단, 자기기만, 성급함, 거짓, 수치심, 신경질, 혼란, 모방심, 경솔함 등 자기반성이 담겼다.

톨스토이의 유품이 전시된 모스크바 국립 톨스토이 박물관은 한국 관광객이 가장 많이 찾는 단골 명소란다. 그곳엔 일기를 비롯해 사소한 물건 하나하나가 고스란히 전시되어 있다. 언젠가 우리나라 박물관에서 대대적인 유품 전시를 했을 때 감명 깊게 보았다. 그는 72세 때 노벨상 수상자로 결정되었으나 "나는 성인이 아니며 많은 잘못을 저지른 평범한 인간이다"라며 수상을 거부했다. 너무나 존경스러우면서도 아쉬운 결단이며 감동적인 양심의 소리다.

일기 쓰기 습관은 『찰리와 초콜릿 공장』으로 잘 알려진 세계적 동화작가 로알드 달도, 내가 좋아하는 도스토옙스키와 보리스 파스테르나크도 대단하였다. 처음엔 서투르고 하기 귀찮아도 열심히 반복하면 무엇이든 최고가 되나 보다.

　내 어린 친구가 이 습관을 들일 수 있게 꽤 신경을 썼다. 소리도 지르며, 하기 싫어도 쓰게 했다. 이제는 으레 쓰는 것으로 알고 있다. 고뇌하는 인간의 삶, 공부 습관, 자기 관리 습관에까지 기본이 되기에.

　"사람이 동물과 다른 건 고민하고 생각한다는 거야. 그것을 늘 정리하는 습관은 중요한 거란다. 나중에 너 과외 못 시켜줘. 책을 많이 읽으면 과외 안 해도 돼. 그러니 나 따라 책을 많이 읽으렴."

　"과외가 뭐야?"

　"학교서 배운 것을 또 돈을 들여 따로 배우는 거지. 좋은 대학 가기 위해……."

　바람직한 생의 태도가 아니라 뒤끝에 쓴맛이 감돌지만, 어쨌든 현실이 그러니까, 하며 고개를 숙였다.

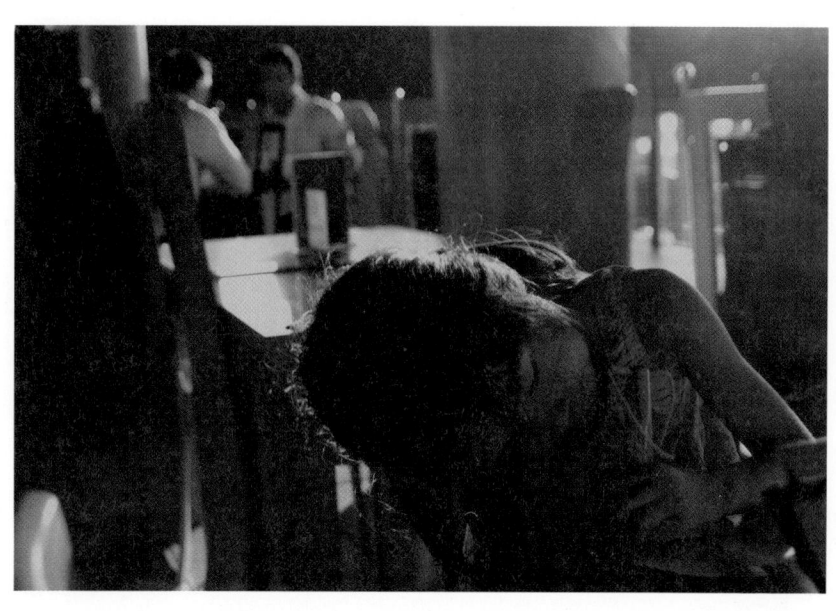

이 사소한 메모의 습관은 인격을 완성하는
고백으로 영혼의 울림을 담아갈 거야.
사람이 동물과 다른 건 고민하고 생각한다는 거야.
생각을 정리하는 메모 습관은 인격을 만들어갈 거야.

불량여인의 품질 좋은 소망

 나는 훌륭한 엄마는 아니다. 여건이 두루 안 좋아, 딸을 잘 보살피거나 많은 사랑을 줄 상황도 못 되기 때문이다. 그렇다고 다른 사람들과 비교하며 살지도 않고, 그러고 싶지도 않다. 생존 문제엔 얽매일 밖에 없으나 세상사엔 너무 매여 살고 싶지 않다. 내 가진 여건에서 최선을 다할 뿐이다.
 공항에서 누군가 내게 물었다.
 "아직 방학 안 했잖아요? 학교 수업 빼먹고 가나요?"
 "제가 불량엄마거든요."
 씽끗 웃으며 대답하자, 상대는 말을 잃는다. 곧잘 유머나 농담, 엉뚱한 대답으로 미소 짓는 나. 속으로 뇌까렸다.
 '그래요, 학교생활엔 충실해야죠. 하지만 여행의 기회가 오면 반드시 여행을 떠납니다. 여행만큼 생생한 삶, 강렬한 자극도 없으니까요.'
 누구나 자기답게 살면 된다고 나는 믿는다. 내 어린 친구도 자기답게 살아가주면 고마운 거다. 여행을 하면 자연과 친해진다. 내면의 성장을 하고 탐구하는 인간상이 되어간다. 여행과 다양한 경험으로, 자식이란 인생의 친구를 앞으로 나아가게 해야 한다. 시인 타고르의 아버지처럼 돈을 맡겨 돈의 씀씀이를 자식이 스스로 체험케 해야 하고, 세상 보는 안목과 어린 시절의 다양한 경험, 자연의 호기심과 탐구심을 키울 강렬한 자극을 줘야 한다.
 내게도 어린 친구에게 줄 수 있는 게 있다. 내가 자신 있게 코치할 수 있는 것들. 책 읽기, 글쓰기, 여행, 아주 활달하면서 사회성 좋은 아이로 키우기. 무엇보다 인간관계의 소중함을 일깨워주려 애쓴다.

아이에게 스스로 한국인이라는 정체성을 느끼게 하기 위해 나는 뭘 해야 할까. 어릴 때부터 우리 물건을 몸 가까이 하는 게 중요할 것 같아, 친구가 5살 때 안동하회마을에서 사온 피리를 장난감으로 건네준 적이 있다. 어떤 거창하고 특별한 인형보다 먼저 선물해주고 싶었다. 그리고 인사동에서 산 탈 두 개도 손에 쥐어주었다. 아이가 탈이 웃는 모습을 보고 따라 웃던 기억이 따스한 수증기처럼 어른거린다.

> 미소가 없이는 그대의 옷차림이 완전하다고 할 수 없어요. 비난 속에 사는 아이, 비난을 배우고, 적대감 속에 사는 아이, 수줍음을 배우고, 수치심 속에 사는 아이는 자책감을 배우죠. 하지만 관용과 더불어 사는 아이, 인내심을 배우고, 용기와 더불어 사는 아이는 자신감을 배워요. … 인정받고 자란 아이, 자신을 사랑하는 법을 배우며, 포용과 우정 속에 자란 아이는 세상을 사랑하는 법을 배우고요.

말리 홀트 여사가 한 말이다. 그러면 미소 속에 자란 아이는 어떨까? 또 탈 뒤에서 바라보는 세상은 어떨까? 세상살이에 희망을 엿볼 기분 좋은 자극이다. 그 자극 속에서 매일 배우는 마음으로 살고 싶고 내 어린 친구에게도 그 마음을 전하고 싶다. 탐구 정신이 있는 한 늙지 않으므로. 탐구란 적극적이지 않으면 안 되므로.

  그 적극적이고 긍정적인 자세는 생명을 연장시킨다. 흐르는 물처럼 낡은 지식을 흘려보내고 끊임없이 새로운 지식으로, 깨달음의 큰 강으로 가겠지.

타지마할을 지게에 지고 갈게

타지마할의 정원사 한 분이 사진을 찍어주었다.
"여기 서보세요, 손들어보세요!"
사진을 찍고 보니 내가 타지마할을 들고 있었다. 이런 마술 같은 일이…… 디카에 찍힌 모습이 신기하고 흥미로워서 놀랐다.

타지마할은 무굴 제국 황제 샤자한이 1631년 아이를 낳다가 사망한 두 번째 부인을 위해 지은 것. 애달프고, 깊은 사랑의 감성으로 지은 아름다운 성을 보러 세계 각지에서 사람들이 몰려든다.

22년간 지은 무덤. 말이 22년이지, 당시 민중의 희생으로 지어진 미의 극치로 후손들이 축복을 얻고 있다. 도처의 유물들이 그렇다. 세계 모든 나라의 관광지가 그렇다.

시공을 뛰어넘어 이루 말할 수 없이 아름다운 타지마할. 사랑이 담긴 성이기도 하지만 이런 순백의 대리석이 있을까 싶을 만치 희고 빛났다. 좌우대칭의 균형미도 놀라웠다.

"삶도 저렇게 고통과 기쁨이 균형을 이루면 더없이 좋겠어."
"균형 잡힌 삶이 힘드니까 이런 예술품을 보러 다니는 거야."
나의 갈망에 후배 선영이의 반론. 우리는 어깨동무를 하고 그곳을 실컷 돌았다.

그날, 여행 중인 내게 좋은 일만 생기도록 기도하고 있다는 내 어린 친구와도 통화했다. 인도에는 동화 속 궁전 같은 타지마할과 성들이 여러 개 있다고 말해주었다.

"엄마, 살짝 들어서 가지고 와."

"네가 기운을 불어넣어줘. 지게에 타지마할을 지고 갈게."

"지게가 뭔데?"

"포대기 같은 거야. 너 아기 때 내 등에 업히면 포대기로 둘러맸거든."

물론,

나는 타지마할을 둘러맬 포대기 같은 지게를 구하지는 못했다.

절묘해. 싸우지 않고 어울리는 문화라니

참 매력적인 도시, 이스탄불.

버스로 이동하며 뭐 하나라도 놓칠까 봐 내 눈길이 바쁘다. 잠시 버스에서 내려 들른 삶의 생생한 현장인 '그랜드 바자'. 거기서 내가 산 것은 타일로 만든 냄비받침 두 개다. 유난히 타일 예술이 발달한 터키다. 노트 한 권 값의 냄비받침은 지금도 식탁을 빛내고 있다.

어딜 가나 대도시는 사람들과 건물들로 빽빽하다. 그래도 빨리 가려고 서두르지는 않는다. 런던에서 출발해 이스탄불로 오는 그 유명한 오리엔트 특급열차 역도 내 눈에 담겼다. 유럽과 아시아의 경계가 되는 보스포루스 해협에는 절묘한 풍광과 낭만, 희열과 한탄의 사연들이 진하게 배어 있었다. 이슬람 전통을 벗어난 서구화와 문자 개혁 등 생생한 터키를 이룩한 국부 케말 파샤. '케말리즘'이란 말이 있을 정도로 터키인들에게 케말은 아주 소중하다. 어딜 가나 눈에 띄는 케말의 초상 사진이 그의 강력한 존재감을 내뿜었다.

그래도 가장 맘에 든 건 인도에서 그랬던 것처럼 여성의 옷차림이다. 화려한 전통 옷은 나도 한번 입어보고 싶네, 하는 갈망을 주었다. 바람과 몸짓이 부딪혀 나는 소리, 옷자락의 나풀거림, 전통 옷 색깔이 주는 매혹. 그것에 마음이 끌리곤 했다.

"사올."

이 고맙단 인사에 그들의 미소까지 더해지면 나도 쑥스러워 미소 짓는다.

터키만의 커피 향내, 터키만의 독특한 풍광, 신비주의 수피 음악까지 알게 되면 터키를 사랑할 수밖에 없다. 터키가 일깨우는 감각. 사람이 살아 지켜야 할 귀한 게 뭔지 뼈아프게 깨닫게 한다. 그들만의 사려 깊음으로 비잔티움과 콘스탄티노플의 문화가 함께하나 보다.

그래서 이스탄불은 고대 그리스와 로마, 그리고 아라비아 문화가 조화된 지상 최고의 옥외 박물관 같은 곳이다. 2000년이 넘는 그 역사 속에서 서양과 동양을 절묘하게 조화시켜, 아주 묘한 신비가 깃들어 있다.

그 신비는 남을 인정하는 겸허함에서 오는 것이리라.

내일로 미루면 늦다

언젠가 본 그의 다큐. 지금도 생생하게 기억날 만큼 깊이 빨려 들어갔다. 그의 외모보다 마음을 더욱 휘어잡던 혼의 노래. 빅토르 최의 〈엄마, 우린 모두 중환자예요〉의 일부를 되새김질했다. 젊은이들이 무척 좋아하는 노래. 저항 음악이라 더 열광하는 것 같고, 가사 또한 시다.

내일이면 늦어 한 시간 후면 늦어
일 분 후면 너는 절대 일어설 수 없을 거야
만일 열쇠가 맞지 않는다면 문을 부숴버려
엄마, 우린 모두 중환자예요
엄마, 나는 알아요, 우리가 모두 미쳤다는 것을
손가락 사이의 철, 꽉 쥔 주먹은 갈기갈기 찢긴 육체를 때리고 있어
하지만 우리의 정맥 속엔 피가 아니라 독이 들어 있지, 느린 독이
…
넌 강해져야 해, 넌 말할 수 있어야 해
'손대지 마! 그 손을 치우란 말이야!'라고
넌 강해져야 해, 그렇지 않으면 무엇 때문에 존재하겠어

그래, 노래처럼 뭐든 내일로 미루면 늦다. 정말 나, 너, 우린 강해져야 해. 그렇지 않으면 우린 살 수가 없다.
러시아에서 공부하는 제자 한울이의 말이 가슴속으로 번져온다.

"빅토르 최가 러시아에서 인기가 많은 건, 30대 사람들과 함께한 추억이 있어서……. 그래서 전설이 된 것 같아요."

"그래, 그렇지. 추억을 함께한다는 건 중요해."

핏줄의 반은 한국인이란 친밀감. 그는 그 모습 그대로, 늙지 않는 모습으로 팬들의 가슴에 각인되었다. 내일, 내일은 없다고, 나도 외치고 싶다. 낯선 곳의 낯선 풍경을 보며 옛 추억들이 낙엽 지듯 내게 불어오면 가만히 내 속에 깊이 잠겨보았다. 애쓸수록 감각은 더욱 명민해져 더 많은 것을 느끼고 생각하고, 추억 속으로 가슴속으로 다 스미겠지…….

뜨개질하는 독일인

자전거를 고치고, 바느질도 잘하고, 여전히 손수 옷을 만들고, 커튼도 만든다는 독일인들. 그들 얘기가 궁금해 선배 언니께 여쭈었다. 5년간 남편 유학길에 함께 가서 공부하고 돌아온 그녀의 독일 얘기를 듣다 보면 독일인들이 친척이 된 것 같다. 텔레비전서 자주 보는 연예인이 친척처럼 가깝다는 착각을 주듯이 말이다.

독일 사람들이 부지런하고 여행을 좋아한다는 것은 한국인과 닮았다. 아마 세계인 누구나 여행을 좋아할 것이다. 그런데 인생 목적이 평범하고 사고가 보다 자유롭다는 것이 우리와 달라서 유난히 마음이 끌렸다.

"우리나라처럼 대학부터 가자는 주의가 아니지. 공부하고 싶은 애들만 대학 가. 여자들한테 대학 왜 왔냐고 물어보면 우리나라 여자들처럼 좋은 남자 만나 결혼하고 싶어서요, 라고들 하지."

"후후, 어디든 시집 잘 가야 한다는 강박증은 있군요."

"그렇지. 그리고 개인적인 얘기를 잘 안 해. 3년 정도 친해지면 아주 조금 얘기하고, 절대로 덥석 정을 주거나 믿지 않아. 한 번 믿으면 끝까지 믿고, 잘못한 건 금방 시인하지. 원칙주의에 충실하니, 인간관계의 스트레스가 없는 편이야. 이성적이라 할까. 그래, 로기시logisch하다고 말할 수 있어. 드라이하지. 원칙에 의해 흘러가니까."

부부 사이도 그렇다. 무슨 불만이 있어도 떼를 쓰지 않는단다. 관념적이랄까. 인간적 정이 없다 할까. 유행하는 패션도 없고 음식 문화도 그다지 발달하지 않았다. 사실 내가 다녀본 유럽의 웬만한 나라들이 다 그랬다.

열심히 일하는 독일인들에게 놀란 건, 할머니 할아버지들까지 책을 열심히 본다는 것. 그만큼 자신의 영혼을 잘 가꾸며 나이 따지지 않고 배우려 든다.

언젠가 텔레비전에서 독일의 숲 학교가 소개됐다. 숲에서 생활하고 나무를 가꾸고 나무로 여러 물건을 만드는 어린이집을 보고 감탄한 적이 있다. 환경 교육이 따로 없다. 어릴 때부터 그런 식으로 자연환경과 가까운 삶을 사니까.

엄마, 라는 눈부신 울림

저녁 무렵 해 지는 길에 잠시 멈춰 서서 엄마를 느껴본다. 엄마가 좋아했던 하얀 백합꽃 향기가 난다. 엄마를 떠올리면 주르르 함께 따라오는 이미지들. 분단의 슬픔을 온몸으로 안고 사시며 이북의 동생들이 그리워 자주 우셨던 엄마, 가게와 부엌, 앞마당 작은 화단. 그리고 살짝 허스키했던 엄마의 목소리. 어느 봄날 저녁에 부르셨던 노래 〈반달〉. 엄마 살아생전에 써드렸던 내 시 「반달」을 나직이 읊어본다. 이북 가족을 찾는 어머니를 위해 쓴 시.

추운 꽃이 내게 안겨 오네
추운 길이 내게 밀려오네

배고프고 배고파서
북녘 애들 연변으로 도망치네
북녘 아이 노랫소리 사무치네

~푸른 하늘 은하수 하얀 쪽배에
계수나무 한 나무 토끼 한 마리

반달 노래 어머니 따라 부르시네
북녘에 남은 동생들 그리워 우시네

봉홧불처럼 타오르는 반달 노래
가슴을 태워가네 하늘을 찢어가네

아버지는 순면 타월처럼

이 아침에 향수를 진하게 자극하는 스메타나의 〈나의 조국—몰다우〉가 흐른다. 몰다우. 여기 있다우, 하며 농을 던지면 웃으실 엄마가 더는 안 보인다.

엄마의 모습이 떠오르면 눈물이 어른거린다. 엄마는 이 세상에서 가장 아프고 아름다운 눈물을 남기셨고, 아버지는 이 세상에서 가장 아름다운 추억을 주셨다. 엄마의 괴로움과 고뇌가 나의 내면에까지 깊이 들어와 뭔가 할 수 있을 것 같았을 때는 이미 엄마의 인생이 얼마 남지 않았었다. 아버지의 고뇌와 꿈을 내 안에까지 스며들도록 아버지 입장에서 생각할 기회도 많지 않았다.

이제 나는 엄마가 돌아가신 후 아버지가 홀로 새 삶을 일구고 분투하는 과정을 지켜보며 딸로서 혼자 사는 아버지를 돕고자 했다. 엄마에게 못 해드린 아쉬움을 담아 아버지를 모시고 카페에 가고, 함께 이태리를 여행하고, 같이 텃밭을 가꾸고 엄마 산소로 산책을 나갔다.

어쨌든 매 주말 밤은 고향 집 아버지와 함께 보낸다. 그렇게 하룻밤 든든히 보내면 내 존재는 더 안정감을 얻어 일도 잘 된다.

아버지와 함께 있으면 생기는 든든함은 어디서 스며 나오는 걸까. 인품일까. 순면 타월처럼 튼튼한 인간성과 유머가 한몫했을 것이다.

"죽을 때 아무것도 가져가지 않으니, 필요하고 쓸 만큼만 쓰고 나머지는 모두 다 나눠줘라."

지금까지 아버지가 하신 말씀 중 제일 감동적인 말씀이다. 나이 먹는다고 다 어른이 아니다. 아버지가 제대로 성숙한 어른의 모범을 보여주시니 이다지도 인생이 아름답게 빛나 보이는 것이다.

쓰레기는 안녕하십니까

미세 먼지 때문일까. 머리가 아프다. 이렇게 약한 존재임을 느끼는 시간, 마켓의 오토바이 청년이 물을 배달해주면서 미세 먼지의 고통을 호소하고 돌아갔다. 나도 눈이 너무 아팠다.

커피 두 잔, 와인 한 잔, 쥐포 한 장, 웨하스 한 봉지, 귤 다섯 개를 먹었는데도 눈이 아픈 게 떨쳐지지 않았다.

오늘 생각은 오늘만으로 족해. 그만 염려해. 마음속으로 되뇌어도 어쩔 수 없을 때가 많다. 어디 미세 먼지만 걱정될까. 얼마 전 페이스북에도 환경에 대한 글을 올린 적이 있다.

매일 쌓이는 쓰레기들은 어찌 될까요.
과외니 뭐니 보다 더 중요한 건
애들이 살 수 있는 땅을 만들어주는 일일 텐데,
분리수거도 잘 못하는 분들이 많잖아요.
제일 혐오스런 분은
화장실 쓰레기통에 커피 컵과 플라스틱 뚜껑을
아무 개념 없이 버리는 사람이었죠.
목욕탕에도 샴푸, 린스 잔뜩 싸 들고 다니는 분들도
스스로 지구를 망치고 있다는 거
이 글을 보시고 다음부터 함부로 버리시지 않는다면,
제가 밥 사드릴게요^^

물론 오시진 않겠지만, 꼭 분리수거를 부탁해요!

　서른 정도부터 땅이 보이기 시작하면서 죽음과 심각한 환경 고민에 지금껏 사로잡혀 있다. 그때 생긴 환경 의식. 절실히 깨닫고 난 후 미래의 아이들이 살 수 있는 땅을 만들어줘야 한다는 신념이 생겼다.
　우선 내 생활에서 환경운동을 벌였다. 샴푸, 린스, 무스, 왁스도 되도록 안 쓰고, 폐식용유로 만든 비누로 설거지하고, 내 생활비를 아껴 그 비누를 사서 사람들에게 선물도 했다. 새집으로 손님이 합성세제를 사 오면 양해를 구해 어떻게든 다른 물건으로 바꾸었다. 옷도 되도록이면 면제품으로 사고, 자동차도 끌지 말자고 장롱면허 11년째다. 지금은 그때만큼은 아니지만 여전히 그런 생활 방식이 몸에 배어 있다. 주변에 계몽도 해봤으나 어지간히 들볶인 가족과 소수의 친구 외엔 효과가 없다.
　돌이킬 수 없이 지나가는 삶. 특히나 쓰레기를 볼 때마다 정말 돌이킬 수 없는 재앙을 우리가 저지른다고 생각해본 적은 있는지. '환경은 안녕하십니까?'라고 묻는 이도 드물다.
　굳이 빨대 없이 먹을 수 있는 음료수에 왜 꼭 빨대를 사용하며, 금세 버려질 게 뻔한데 왜 요란하게 꽃 포장을 할까. 음식 배달을 시키면 왜 그렇게 몇 겹 랩으로 꽁꽁 싸맬까. 우리 어른들 행동 그대로 아이들이 배우는데, 어떡하나. 함께 심각하게 고뇌하지 않고, 결심하지 않고, 바꾸지 않으면 우리는 모두 망한다. 지구 생명 연장은 아이들의 생명을 연장시키는 것이건만.

심각한 과포장과 허위의식으로 가득한 시대. 이 땅엔 전부 눈 나쁜 사람들만 사는 듯 느껴지는 멋없이 큰 간판들. 멋없이 폼 잡고 걷는 청춘들이 오늘도 열심히 쓰레기를 버린다.

재밌게도, 미세 먼지 얘기를 하는 라디오에서 〈나 어떻게〉가 흐른다.

나 어떻게, 우리는 어떻게 될까.

매혹적인 박물관 태교

태교가 얼마나 중요한가를 나는 아기 낳고서 실감했다. 입덧으로 무엇 하나 제대로 먹지 못할 때 과일 중 유독 딸기만 먹혀서 태중의 아기 이름을 '딸기'라 불렀다. 그런데 이게 웬일인가. 이유식을 시작할 때 딸이 걸신들린 듯 먹어댄 것이 딸기였다. 임신 기간에 먹은 음식이나 겪은 일들이 아이가 태어나서도 그대로 영향을 준다는 증거일 것이다.

딸을 임신한 후 마침 조선일보서 〈아빠 박물관 가요〉의 연재 요청이 왔다. 배 속의 아기랑 함께 8개월 동안 전국을 떠돌았다. 뜻하지 않게 박물관 태교를 하며, 더불어 그 글들을 모아 박물관 기행산문집 『시간 창고로 가는 길』을 내는 축복을 누렸다.

군산 평야를 지나던 까마귀 떼는 기이한 삶의 메아리를 끌어왔고, 익산 벌판의 성성한 바람은 백제의 냄새를 부르고, 충남 연기의 풀벌레 소리는 몸까지 파랗게 물들일 듯 신선했다. 밀양에서 마주친 족제비하며 영덕 앞바다에서 파도를 보며 환호성을 지르는 사람들, 횡성 지나면 죽음에 가까운 적막감이 돌았고, 꿈결같이 흐르는 영암, 안동, 양산 등등에 자리한 박물관은 더러 원시의 자연을 안고 있었다. 난개발로 국토가 파괴되는 가운데 그나마 얼마나 다행인지. 원시의 자연은 항시 근원으로 향하게 한다. 역사의 숨결, 우리 조상에 대해 생각할 수 있는 대지의 기를 맘껏 들이마셨다.

우리 땅을 돌던 기억은 지금까지도 나를 매혹시키고, 아이에게도 적잖이 영향을 주었음을 확신한다. 내 어린 친구는 집중력이 강하고 비디오와 책도 다 좋아하고, 내적 성장할 잠재적 가능성이 엄청나다는 말을 듣는다. 지금껏 병원 신세 진 적도 많지 않다. 임신 때 돌아다닌 기억이 내게 경이로운 추억의 창고가 되었듯, 어린 친구의 무의식 속에도 아름다운 창고가 되었으리라 믿는다.

섬처럼 운다

 바람이 불면 사르락 사르락 소리를 낸다. 내 안의 말들도 모래처럼 내게 흘러온다.
 부모는 자녀를 사춘기 때부터 떠나보내는 연습을 해야 하더라. 자녀들이 스스로의 자아를 발견하고 진정한 인격을 찾도록 도와야 할 뿐 그 이상의 욕심을 내서는 안 된다는 것.
 애를 키워보니 알겠다. 품 안의 자식 10년의 세월로 효도는 끝났다고 봐야 할지 모른다.
 그만큼 부모 자식 간의 정은 끈끈하되 서로 섬처럼 홀로 설밖에 없다.
 우리의 인격은 정해지지 않았다. 그 무엇도 정해진 게 없다.
 아무리 인격이 선천적 성향과 육체적 요인의 결과래도
 그것은 살아온 체험과 책과 영화, 교육과
 자신이 만난 모든 사람들의 영향 속에 있다.
 황사 바람이 불어와 몸에 영향을 미치듯이.
 몸 상태는 영혼에까지 영향을 주고,
 부모의 말과 사랑은 아이들의 인격을 만들어간다.
 그 인격은 섬처럼 운다.
 저마다 섬처럼 홀로 떠서 흐른다.

깊은 애정과 영성

깊은 애정은 낮은 곳에서 살아요. 바다 깊이 들어갈수록 파도가 치지 않듯이 사랑은 흔들림이 없지요. 하지만 변함없이 착하고 겸손하게 살기란 쉽지 않아요. 그래서 늘 자신을 살피고 거를 필터가 필요해요. 나는 먼저 신앙이란 필터로 살펴요.

이렇게 속내를 말하며 나는 영성에 대해 생각했다.

신앙의 필터로 살피면 영성은 내 가슴에서 시작된다. 일상의 사소한 일에서, 식탁에서, 세면대에서 그 평범한 일에서 신의 향기를 경험하면 더없이 큰 사랑의 기운으로 가득 차 마음이 끝없이 뻗어간다. 대지를 넘어 바다를 건너 우주에까지 가닿는다.

큰 사랑에는 굳이 시시비비를 가리거나 저만 아는 교만이 없다.

지나치게 시시비비를 가리다 보면 다 깨지고 만다. 승승장구할수록 더 겸손한 자세로 주변 사람, 이웃과 나눠야 한다. 힘들수록 너그럽게 화해와 용납의 손길을 내밀어도 좋겠다.

상처는 드러내야 아물지만, 도가 지나치면 더 다치거나 회복 불가능해진다. 다툼도, 자존심도 시간이 흐르면 별것 아니다. 큰 사랑의 품만이 어려움을 이길 수 있다

힘들어도 노력하는 사랑의 자세가 중요해.

오늘따라 퀸의 〈Love Of My Life〉가 듣고 싶다.

작고한 프레디 머큐리가 참 그리운 밤.

깊은 애정은 낮은 곳에서 살아요.
변함없이 착하고 겸손하게 살기란 쉽지 않아요.
그래서 늘 자신을 살피고 거를 필터가 필요해요.
나는 먼저 신앙이란 필터로 살펴요.

걱정 마, 힘들면 기도하면 돼

모든 종교를 넘어, 이 땅은 정성 어린 기도로 지켜진다고 말하고 싶다. 십자가를 보거나 석탑을 볼 때 더욱 그렇다. 나는 불교를 철학으로 생각하지만 석탑을 보거나 십자가 앞에서 기도를 할 때, 강렬한 에너지를 받는다. 기도를 하면 그 생생하고 끈끈한 기운에 나는 아무리 피로해도 맑게 눈을 뜰 수가 있다.

"힘들 때 왜 걱정하느냐. 기도하면 될 것을……."

이 말을 1, 20년 전에 깨달았으면 좀 더 후회 없는 인생을 살았을 것이다. 이것이 내내 아쉽다.

그런데 기도하는 일을 잊을 때가 있다. 무엇 하나 쉬운 것이 없음을 느낀다. 오죽하면 어느 성자의 이런 기도문이 있을까.

바꿀 수 있는 것은 바꿀 능력을 주시고
바꿀 수 없는 것은 그대로 받아들일 의연함을 주시고
이 둘을 구별할 예지를 주시옵소서.

나도 오랜만에 기도를 잠잠히 하였다. 매 순간 신성하고 영성에 찬 깊은 시간들을 살게 해달라고 부탁드렸다. 또한 힘든 현실을 잘 견디게 해주십사 하느님께 기도한다.

과연 사과에다
술과 예술
사랑에 빠지다

Part 7

순간 사로잡혀, 한없이 갈 거야

인생에는 어느 순간 자신을 사로잡는 만남이 있다.

나에게도 그런 만남이 있었다. 아마 여고 시절 1학년 초가을 무렵이었을 것이다.

참 느리게 시간이 흐르던 오후.

시가 뭔지 몰랐으나, 이렇게 짧은 글을 통해 사랑의 따스함을 말해 줄 수 있다는 사실에 적잖이 놀랐다. 자크 프레베르의 시 「밤의 파리」, 실제 성냥에 불붙여 흉내도 내고 저절로 외워지던 시.

어둠 속에 하나씩 불붙이는 세 개비 성냥
첫 개비는 너의 얼굴 모두 보려고
둘째 개비는 너의 두 눈을 보려고
그리고 송두리째 어둠은
너를 내 품에 안고 그 모두를 기억하려고

그것은 아이스크림보다 달콤했고 눈 내리는 풍경보다 황홀했다. 그때부터 시에 사로잡힌 듯하다. 입시에 시달리던 학창 시절. 소설은 너무 길어, 늘 보다 잠들었으나 시만큼은 신비롭게 다가왔다. 아마 그것이 나를 시인으로 이끈 첫 만남일지 모른다.

어떤 이는 "이 세상에 시보다 더 강한 것은 없다"라고 했다.

구약성서의 히브리 선지자들도 모두 시인이었고, 조선 시대 관리들은 모두 시를 쓸 줄 알았다. 모든 이의 가슴엔 시인이 있다. 자신의 가슴에 설명하기 힘든 기이하고 뜨거운 기분과 영감을 느낄 때가 시인이 들어앉은 때이리라.

시에는 돈으로 살 수 없는 굉장한 것이 있다. 과학과는 다른 방법으로 우리를 현명하게 만든다. 심장으로 세계를 이해하고 마음의 눈을 간직하게 해 삶의 비밀을 일깨운다. 또 우리의 감각과 감성을 예리하게 키워준다. 이외에도 시가 삶의 보물인 이유가 있다.

창작한다는 것은 새로운 그릇에 새로운 시선으로 바라본 세계를 담는 일이다. 상상력의 힘으로 자신만의 개성적인 목소리를 보여주되, 억지스러움이 없이 자연스러워야 한다.

저녁이면 한국 풍경과 사랑에 빠지다

저녁 무렵이면 자전거에 책가방을 싣고 달리곤 했다. 내가 6년간 수원서 사는 동안 매일 그랬다. 도서관 가는 길목. 길고 매끄럽게 누운 도로를 달리면서 나는 둘러보았다. 스크린처럼 펼쳐진 군청색 하늘에 뜬 별과 언뜻언뜻 스쳐 가는 흰 구름. 거기다 보너스로 반달까지, 내 몸에 물결치는 맑은 공기까지.

순간 더 이상 바랄게 없구나, 싶었다. 더 어두워지면 사라질 모습인데. 나는 그만 풍경과 사랑에 빠지곤 했다. 도서관 가는 길. 초가집 카페는 내가 한국인임을 되새기게 했다. 돌아서고 돌아서면서 풍요해진 상태로 세상을 다 품을 큰마음이 남는 걸 느꼈다.

도서관에 머무는 시간은 세 시간 안팎. 나에겐 얼마나 귀한 순간인지. 생활에 매여 살다 보니 혼자만의 시간은 두세 시간 정도라서 도서관에서 보내는 시간이 천국이었다.

아는 만큼 잘 살게 되니까. 고뇌한 만큼 생은 깊어지고, 제대로 살게 되니까, 어쨌든 공부해야 한다. 사랑하듯이 미친 듯이. 정신이 굶주리면 시선도 메마르고 마음도 황폐해진다. 늘 도서관과 서점을 놀이터 삼았기에 세계 곳곳에서도 서점을 마주치면 참 기쁘다. 에페소에서도 도서관을 보았다. 그 옛날 로마에서도 아는 만큼 살게 됨을 알았기에 얼마나 신경 써서 만들었는지, 온몸으로 느껴졌다.

문화는 문화끼리, 작품은 작품끼리 충돌하며 물처럼 흘러간다.

문화는 살아 움직이는 것이다. 다른 나라 작가들의 작품을 통해 자극을 받으며 힘없는 나라, 정체성 없는 문화는 정복당한다는 사실을 되새긴다.

 세계화 시대니까 외국 서적만 본다는 젊은 작가들도 있다. 이는 위험하고 잘못된 생각이다. 세계화할수록 내 나라의 역사와 전통을 살펴야 한다. 나를 제대로 알면 사는 데 두려움이 사라지듯이, 세계화 시대일수록 우리 것을 독파해나가야만 한다. 드라이버처럼 뭐든 꿰뚫는 자세로.

언제든 내 혼을 느끼게 해주는 거울이 필요하다.
왜 살아 있나, 어떻게 살아야 하는가를 묻게 해주는
이미지 거울, 책 거울.

이미지 거울 속의 나

오래전 한 사진가는 이 시대의 문맹은 이미지를 못 읽어내는 사람이라 했다.

이미지가 문화를 이끄는 세상에서, 이미지는 곧 지식의 한 모습이며 감각을 일궈가는 가장 예민하고 소중한 힘이다. 나는 오래전에 현대 사진과 미술 이미지가 어떻게 하면 대중에게 친근하고 쉽게 가닿을까 고민하여 매혹적인 미술로 사진 에세이를 썼고, 다시 증보판을 준비하고 있다.

세월이 흘러 절판한 책들을 요즘 사진들로 바꾸고 정리해가는데, 시간이 은근히 많이 든다. 그러면서도 이미지란 거울로 나를 들여다보면 많은 생각이 오간다. 구름처럼 날씨에 따라 색을 바꾸면서.

타인은 거울이다. 그들의 작품을 통해 나의 문화, 우리 문화의 내공을 쌓는다.

언제든 내 혼을 느끼게 해주는 것들이 필요하다. 부드러운 바람처럼 향기롭거나 내가 왜 살아 있나, 어떻게 살아야 하는가를 묻게 해주는 이미지 거울과 문화 양식을 사람들과 나누고 싶다. 숨결이 흐르는 모든 게 좋다. 아름다운 인생이 좋다.

아我! 인생찬란 유구무언

바라보는 것마다 꿈틀거리고 움직이는 걸 느낀다. 옷과 나무, 들판과 거리가 생물이나 무생물이나 울고, 웃고, 외치고, 숨 쉬고, 노래하는 소리가 들린다. 그 옛날 돌 장승에서 그 많은 숨결이, 속삭임이 아! 하는 탄성으로 들린다. 아, 나, 여기 있어요. 모두가 스스로 자신의 이름을 부르고, 자기 존재감을 드러낸다. 살아 있음의 환희와 고뇌의 소리. 삶의 이치를 깨닫는 소리. 고대의 유물부터 현대인의 컴퓨터까지 세상의 무수한 말과 사물이 아! 라는 외침 하나로 묶여버린다.

아! 하고 태어나서 아! 하고 사라질 인생.

〈아我! 인생찬란 유구무언〉, 이렇게 내 첫 사진전 제목을 정했다.
그 어느 것 할 것 없이 끊임없이 바라보고, 부르고, 애착함으로써 나와 한 몸을 이루며 흘러간다.
나와 한 몸을 이루는 것이 생물인 자연뿐만 아니라 무생물까지 포함하여 함께 충돌하며 스미는 게 보인다. 적요하고 신비롭게, 때로는 기이하고 서럽게 내뿜는 역동적인 에너지가.
순환적인 자연관과 이를 거역하여 흐르는 삶의 기이한 현상들. 보이는 사물과 보이지 않는 사물의 기운. 이것이 얽혀 세상은 돌아가고 있다. 모든 것은 나와 하나로 이어져 있다.

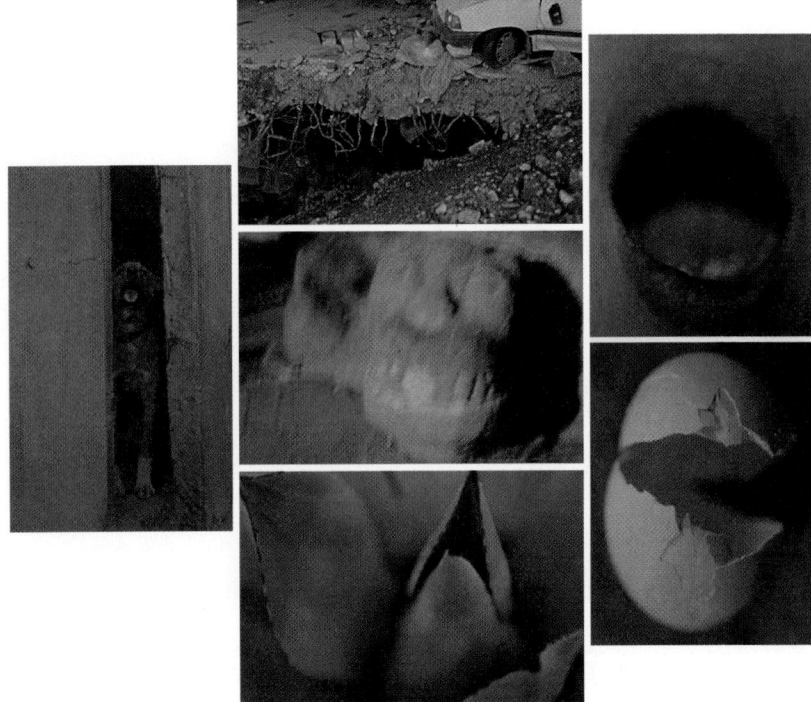

〈아我! 인생찬란 유구무언.1〉 신현림 2004

아我! 인생찬란 유구무언.
아! 하고 태어나서 아! 하고 사라질 인생.
모든 것은 나와 하나로 이어져 있다.

자기 성장의 길 위에서 통섭의 희열감으로

사람은 함께할 때 자극받고 혼자 있을 때 성장한다.

인생에 많은 자극들로 계속 성장함을 느낀다. 그 자극은 아픔과 상처로 오곤 한다. 하지만 어느 정도 보람을 얻게 되면 달콤하다.

젊은 날에는 너무 자극이 크다 보니 버거웠고, 감당을 못 했다. 그림……. 그래, 그림을 생각하면 참 가슴이 아팠다. 예술 하면 굶어 죽는다고 엄마는 몹시 반대했다. 화가의 길을 걷기 위한 노력들이 늘 경제적인 이유로 좌절하곤 했다. 그러다 재수 때부터 미술 공부를 시작했다. 하지만 원하던 학교에 떨어지고 원치 않는 응용미술학과 합격과 자퇴와 거듭된 입시 실패, 입학 후 학교를 안 나가 유급까지 되어 그 후유증으로 우울증 끝에 불면증도 얻었다. 13년간 불면증 속에서 신경정신과 병원도 다니고 약으로 치료하다가, 약을 끊지 않으면 죽을지도 모른다는 공포감 속에 산 적도 많았다.

오랜 고통의 시간을 견디고, 다시 깨어나는 중요한 계기가 독서와 시 쓰기였다. 전통적인 사진 찍기 작업 18년 만에 책의 삽화도 그렸다. 분야는 다르지만 은밀히 깊이 이어지고 섞이면서 상상력과 꿈이 폭발했다.

나는 왜 시인이 되었나

　나는 시인을 꿈꾸기 전에도 시를 좋아했고, 힘들 때면 시를 읽으며 견뎠고, 시로 숨 쉬며 산 청춘이 있었다. 시를 왜 좋아했나 생각해보니 내가 자연이란 깨달음, 더없이 낮아지고 선량해지는 고마움이 가슴에 물결처럼 퍼져나가 나를 좀 더 사람답게 해서가 아닐까. 그래서 누가 나에게 시를 왜 쓰느냐 물으면 농반으로 착하게 살기 위해서라고 말해왔다. 실제 인생에서 착하게 산다는 것만큼 중요한 게 있을까.
　한 벌 시의 의복을 만들듯 공들인다. 성에 찰 때까지 계속 고친다. 그리고 애정이든 우정이든 창작이든 늘 순정을 최고로 중요시한다. 누군가 시인과 사진가가 꿈이라면, 무조건 시가 좋아야 하고, 사진가는 좋은 사진을 찍겠다는 결심이 있어야 한다. 그저 네가 좋다는 열정과 순정이 먼저다. 그림과 글이 '그리워하다'란 뜻에서 나왔듯이.
　가난도 외로움도 축복이 되려면 삶과 일에 대한 치열한 몰입이 있어야 가능하더라. 치열할 때만이 야들야들한 감성이 펄펄 살아 있고, 다양한 삶의 순간에 섬세하고 번뜩이는 생각을 할 수 있는 것. 그것을 적확한 언어와 남다른 매력으로 표현하면 독자들이 좋아해준다.
　그런 표현을 위해 어떤 노력을 했는지 질문을 받을 때가 있다. 아마, 화가 지망생으로 미대에 다녔던 경험, 숱한 실패를 통한 고뇌와 깨달음, 한 발이라도 담고 흔들리다 다시 찾은 신앙의 힘, 독서의 힘과 다양한 문화 체험. 결국 세상과 사람에 대한 애정의 힘으로 창작 농사를 짓는 것일 게다.

등단 무렵 이야기

 어쩌면 첫 시집을 출간했을 때가 진정한 등단이었을지 모른다. 첫 시집 『지루한 세상에 불타는 구두를 던져라』가 여러 신문에서 호평을 받은 데 비해 문학잡지 두 군데서만 다뤄져 좌절했던 거 같다. 그나마 이승훈 시인의 "황홀한 내면 풍경과 외로움의 미학과 특이한 매혹의 시"란 칭찬과, "거대한 내면을 지닌 이 불꽃 같은 시인에게 기대를 건다"는 서준섭, 장은수 평론가의 호평과 정진규 선생님의 칭찬이 가슴에 작은 용기의 등불이 되었는데, 그분들께 참 고맙다. 지금도 구름 속에서 소리치는 천둥처럼 가슴속에서 하나의 깨달음이 거칠게 요동친다.
 '오직 충실함만이 모든 장애물을 이긴다.'
 이 깨달음을 생각할 때마다 내 책상 위에는 햇빛이 일렁이고, 상큼한 바람이 불어온다.
 첫 시집은 네 곳의 출판사에서 러브콜을 받았다. 세계사의 러브콜에 응답했는데, 하루 뒤 창작과비평사에게 프러포즈를 받았다.
 『지루한 세상에 불타는 구두를 던져라』를 냈던 시절을 생각해보면, 각 책들과 시집의 운명이 분명히 있는 거 같다. 나는 서른 초반에 미친 듯이 작업을 해서 시 매장량이 많았다. 첫 러브콜에 용기를 갖고 그다음 해 『세기말 블루스』의 원고를 창작과비평사에 투고했다. 그후 오랜 기다림 끝에 『세기말 블루스』가 출간되었고, 나의 삶은 바뀌기 시작했다. 차갑던 방에 불을 땔 때처럼 내 인생에 따스한 흐름이 생기기 시작했다. 신촌 대학가의 큰 호응에 힘입어 그해 가을, 여러 주간지와 열두 개의 여성 잡지에 내 기사가 크게 실렸다. 그리고 시집이 베스트셀러 1등까지 해 그때의 감격이 지금도 또렷이 기억난다.

그런데 감사할 분들이 한두 분이 아니다. 대학 때 송현호, 조창환 교수님에게서의 배움에 깊이 감사한다. 또 데뷔 후 내 시에 대한 관심과 애정을 기울여주신 김사인, 고형렬 선배님은 내게 참으로 큰 은인이시다. 공평무사한 이분들과 당시 사장님이신 이시영 시인님을 신뢰하고 존경한다. 그리고 창작과비평사에 친정과도 같은 고마움을 갖고 늘 응원하고 지지한다. 이후에 인연이 된 민음사에도 또한 같은 마음이다. 곧 내 동시집 『초코파이 자전거』 20편이 노래로도 작곡된다니, 비룡소 박상희 사장님께도 늘 감사하다.

나를 구원해준 『세기말 블루스』. 덕분에 먼지 속에 묻혀 있던 내 첫 시집 『지루한 세상에 불타는 구두를 던져라』를 꺼내 읽은 독자들이 오히려 이 시집을 더 좋아하게 되었다는 얘기가 있다.

창작자로서 꾸준히 성장하고 노력하는 나보다 불면증을 이긴 내가 더 대견스럽다. 파란만장한 인생의 고난보다 불면증이 정말 무섭기 때문이다. 늘 불면증으로 언제 죽을지도 모른다는 두려움 속에서 청춘을 보냈다. 잠만 잘 자면 인생은 평화롭다. 그래서 쿨쿨 곰처럼 잘 자고 일어나 매일 다시 태어나는 기쁨 속에서 일하고 싶다.

나 자신을 알다

　우리는 거의 다 익명의 존재로 살다 간다. 그렇게 우리가 꽃이 피었다 지듯 사라지는 존재임을 자주 느끼면 죽음을 잘 준비할 수 있을 것이다. 죽음에 대한 준비는 참으로 잘 살겠다는 마음가짐이며, 가진 물건과 사랑을 이웃과 나누는 실천이며, 지금 이 순간을 허투루 보내지 않으리란 약속이다. 그 약속은 자주 어그러지더라도 그저 애쓰는 것이다. 인생은 얼마나 자기를 잘 알고 있느냐에 따라 달라진다. 시 쓰기, 이미지 작업도 마찬가지다. 자기가 누구인지 아는 생의 철학에서 시작한다.

　여러 번 냉담 끝에 되찾은 신앙심은 여전히 부족하지만, 내 삶과 작업에 큰 영향을 미치는 걸 느낀다. 외롭고 고요한 시간에 영혼에 숨은 신성한 기운을 헤아려보려 애쓴다. 여리고 여린, 슬프고 헐벗고, 아픈 것들을 향해 기도할 수 있는 그 신성한 기운. 그 속에서 세상을 바라보는 시선과 창작 일은 훨씬 풍요롭다.

　뭐 하나 쉬운 게 없다. 생의 지혜와 겸허함, 감사와 기쁨조차 끝없는 노력과 기도 속에서 주어진다는 걸 느낀다.

곧 잊을 수 없는 저녁이 올 거야
죄와 악이란 말을 잊었듯이 그 저녁도 잊을 거야
잊혀진 사람과 사라진 동물을 적어봐
별을 삼키고 속죄의 시를 적어봐

오늘은 컴퓨터 냄새가 싫으니까
손으로 쓴 편지로 나를 울게 해봐

내 시 「세기말 블루스」에 썼듯이 뭐든 쉽게 잊히는 세상에서 쉽게 잊히지 않는 아름다운 시간을 쌓아가고 싶다. 일에서든, 사생활에서든. 그 아름다운 시간들을 통해 얻은 삶의 진실들로 내 생의 의복을 만들어가고 싶다.

사과밭 사진관으로 오세요

흰 사과 꽃과 빨간 사과는 꿈결처럼 부드럽고 참 사랑스럽다.
꿈같이 하염없는 세월이 느껴져 신비스러운 자리. 사과밭.
나는 사과밭을 시원의 향기를 간직한 지구의 상징으로 바라보았다.
나의 어머니가 살다간 땅이며, 내가 살다갈 땅이고, 내 딸이 살 땅으로⋯⋯
아주 오랜 옛날부터 사과는 사람들과 함께해왔다.
그리스·로마 시대와 고대 이집트에서도 사과가 재배되었고,
지금껏 전 세계인들은 일상생활에서 매일 사과를 먹는다.
나는 사과를 생존의 욕구와 사랑의 욕망을 불러일으키는
생명과 사랑의 상징으로 보았다. 세상의 모든 생명 있는 것들은
서로 이어져 있고, 대를 이어 살아간다.
그렇게 사과밭은 사랑의 빛을 품고 움직이고 있었다.

7년 전 일요스페셜 특집 다큐멘터리 〈나무〉에 내 딸과 내가 출연하게 되면서 사과밭을 알게 되었다. 나는 주렁주렁 열린 사과 알을 보고 환희의 큰 충격을 받았다. 경이로운 풍광을 마주할 때, 현실이 아닌 것 같은 기이함 속에서 나는 '야'라는 감탄사 외에 아무 말도 할 수 없었다. 사과밭은 신비스럽고, 환상적일 만치 아름다웠다. 옴니버스 스타일의 네 개의 연작 중 내가 맡은 나무는 사과나무였다. 사계절 촬영 중에 가을 촬영분을 찍으러 갔다가 내 사진 작업을 꿈꾸게 되었다. 처음엔 경북 봉화군의 청량산이 보이는 깊은 산자락의 한 과수원을 2년

동안 계절마다 찾았다. 그러다 겨울 사과밭을 찍고 후배와 딸과 함께 돌아오던 날 차 사고가 나, 좀 더 가까운 왕복 6시간 거리로 장소를 바꾸었다. 그 후 사과꽃 피고 열매 맺을 때마다 사진을 찍으러 그곳을 향해 달렸다.

제 3전시 〈사과밭 사진관〉에선 대지의 모성성, 역사, 그리고 우리가 마지막 갈 곳이 땅이라는 당연한 사실을 다시 일깨우고 싶었다. 대를 이어가는 사람들. 더불어 희로애락을 겪으며 비로소 사랑과 정을 알고 혼을 얻어 가는 게 사람임을 담으려 했다. 전시회가 끝난 후 사진집이 남아 울산국제환경사진페스티벌에서 대표 한국 작가로 뽑히는 기쁨도 얻었다.

이후에도 더없이 영적인 공간으로 바뀌는 사과밭에서 나는 밥을 짓고 있다. 이미지라는 밥을 10년째…….

시와 이미지가 낸 통섭의 길 위에서

원시사회의 동굴벽화의 낙서에서부터 통섭의 흔적이 남아 있다. 글과 이미지를 융합한 역사는 21세기에 화두가 되었을 뿐 원시시대부터 계속 있어왔다. 사람의 근본 욕구인 것. 인간의 도전은 벽을 부수면서 시작된다. 세계화 시대라 더욱, 각 분야마다 장르를 넘나들고, 그 흐름은 선진국일수록 거세다. 막힘없이 여러 사물에 두루 통하는 지식의 대통합은 각 분야에서 좀 더 밀도감 있게, 힘차게 펼쳐지고 있다.

나는 대학에서 문학을 전공했지만, 미술대학을 한 학기 다닌 경험과 나만의 탐구로 여러 권의 사진 에세이와 『너무 매혹적인 현대미술』 등의 예술 에세이를 내기도 했다. 내 이미지 작업을 위해 공부하려고 쓴 책이기도 하다. 예술에 대한 나만의 사랑과 깊은 고뇌의 산물이다. 그것이 다 바탕이 되어 오늘의 전시가 있었고, 시 창작에도 지속적으로 막대한 영향이 오갔다. 시도 이미지로 만드는 예술이다. 자신의 마음을 이미지로 드러냄으로써 시가 되는 것이다.

그래도 사진과 시는 철저히 나눠 작업을 한다. 엄격하자면 시는 시집 속에 들어간 것만 시이며, 아트 사진은 전시회나 창작집에서 다룬 것만 작품이라고 본다. 결국 자기 철학과 치열하고 일관된 콘셉트 속에서 잘 정리되어야 한다는 것. 시든 사진, 미술이든 감정의 산물이지만, 엄격한 자기통제 안에서 작업된다. 예술은 사람의 정신을 움직이기에 감동이 우선이다. 그 감동은 저절로 스며나지만, 예술은 끝없는 자기 수련 끝에 완성된다.

"어설픈 예술은 관객의 감각을 타락시킨다"는 말이 가슴속에 강하게 남아 있다.

서양의 어느 예술평론가가 말했는지 기억은 안 나지만 시 쓰고 예술 하는 분들이 곱씹어야 할 말. 진정한 예술은 철저한 장인정신에서만 꽃피우고, 관객의 감각 성장에 소중한 영향을 미친다. 시적인 산문이 내 글의 특성이라지만, 시는 시집 속에 있어야 시다. 어떤 예술이든 끝까지 예술로 살아남는 건 군더더기 없는 시적인 아름다움이 배어 있을 때다.

사진이든 시든 내 방식의 강렬함을 추구하고 생명력 넘치는 역동적인 이미지를 꿈꾼다. 작품은 "보는 사람의 주의를 불러일으켜야 하고, 감동시키고, 감염시켜야 한다"라는 허버트 리드의 말은 시에서도 통한다. 그런 상태를 꿈꾼다.

연인이 생기면

첫사랑에 대한 글 청탁이 오면 나는 사양을 한다. 나는 솔로라서 첫사랑을 쓰기는 싫고, 앞으로 올 사랑을 써달라면 쓰겠다 말한다. 여자랑 남자랑 다른 면이 있다면 첫사랑에 대한 관점인 듯하다. 내 주변 여성들은 내면이야 어떨지 모르나, 첫사랑에 대단한 의미를 두지 않는 듯하다. 대체로 새로이 올 사랑이나 지금의 사람을 중시하는 듯하다.

이런 마음으로 쓴 내 짧은 시 「연인이 생기면」을 다시 꺼내 본다. 정말 연인이 생기면 무얼 할까, 하고. 정말 척 베리의 〈Johnny B. Goode〉에 맞춰 어깨와 엉덩이를 들썩이며 함께 춤을 춰도 즐거웁겠다.

제일 먼저 달고나집, 붕어빵집, 오뎅집을 가고 싶다
커서 못 먹는 라면땅, 쫀드기 같은 불량 식품 함께 먹으며
길표 카페에서 흐르는 척 베리 노래를 듣고 싶다
마음엔 신기루가 나타나 하얗게 일렁거리고
다리는 도토리묵처럼 후들거리겠지
흐음,
걷다가 넘어져도 즐거웁겠다

100살까지 살아볼까

최근 루이즈 부르조아 전시회를 갔다 왔다. 그녀의 나이 100살. 70대에 주목받기 시작하여 이후 대작가가 되었다. 물론 자식 셋을 키우면서 꾸준히 작업. 머릿속에서 늘 꿈꾸고 고민했으리라. 특히 그녀의 이번 작품은 꽃을 여성의 성기로 표현한 것이다. 나는 꽃을 그렇게 표현한 화가인 조지아 오키프의 아름다운 꽃 그림을 떠올리며 되뇌었다.

"루이즈는 루이즈대로 좋네요. 풍요를 상징하겠죠. 생의 마지막에 다다른 분이 인생 후배들에게 내미는 선물이 애절하게 느껴지네요."

항상 마지막이란 느낌은 애절하고, 아프다. 전시장을 둘러보면 "예술의 목적은 두려움을 정복하기 위한 것, 그 이상도 이하도 아니다"라는 부르조아의 진언이 실감 난다. 자신의 두려움을 그림으로 풀어버린 거장은 이제 다시 자궁으로, 땅으로 돌아갔다. 그녀의 작품을 즐기는 건, 그가 관람객에게 남긴 덤이다.

누구든 땅으로 돌아갈 운명을 생각하면 적은 것에 만족하고 심플한 인생을 꾸려가야겠다는 다짐을 한다. 문득 장자의 말을 떠올려본다.

"성인은 메추라기 둥지 같은 집에서 살고, 병아리처럼 적게 먹으며 새처럼 흔적을 남기지 않고 떠난다."

꼭 성인이 아닌 평민이라도, 또 작은 집에 살더라도 소박하게 살며 최대한 자신이 하고 싶은 일을 하는 게 중요하다.

행복

행복은 행복하리라 믿는 일
정성스런 내 손길이 닿는 곳마다
백 개의 태양이 숨 쉰다 믿는 일

소처럼 우직하게 일하다 보면
모든 강 모든 길이 만나 출렁이고
산은 산마다 나뭇가지 쑥쑥 뻗어 가지
집은 집마다 사람 냄새 가득한 음악이 타오르고
폐허는 폐허마다 뛰노는 아이들로 되살아나지

흰 꽃이 펄펄 날리듯
아름다운 날을 꿈꾸면
읽던 책은 책마다 푸른 꿈을 쏟아 내고
물고기는 물고기마다 맑은 강을 끌고 오지

내가 꿈꾸던 행복은 행복하리라 믿고
백 개의 연꽃을 심는 일
백 개의 태양을 피워 내는 일

하얀 달처럼 어른대는 내 시 「꿈꾸는 행복」을 통해, 나는 행복이란 이미지를 떠올렸다. 바람결, 꽃향기, 퍼붓는 하얀 눈발. 그러다 내 머리칼을 따스하게 어루만지는 햇살, 식탁 위의 음식. 그리고 문득 걸려오는 정든 지인들의 전화. 문득 라디오를 틀 때 들려오는 그레고리안 성가, 바흐의 음악 등 셀 수도 없이 행복한 이미지들이 많다.

 그 순간 속에 담긴 기쁨과 아름다움과 놀라움과 당황스러움, 깨달음, 심지어는 고통에 이르기까지 한 방울도 놓치지 않고 다 맛보고 싶다. 순간순간을 알차게 살겠다 되뇌며 나는 창문을 열고 아득한 하늘을 올려다보았다.

에필로그

사람과 삶은 이 세계에 있는 것 같기도 하고
없는 것 같기도 한 부재의 느낌을 받을 때가 많아.
현실과 비현실이 기묘하게 뒤엉켜 미스테리한 빛을 내뿜지.
그 고뇌 또한 시와 이미지 속에서 나만의 감수성, 감각으로 그려내고파.

내가 다시 사랑하고 싶은 날은

내가 다시 살고 싶은 날.

정말 내일은 좋은 일만 생길 거 같아.